Wichard Woyke
Bundestagswahl 2002

AF212056

Wichard Woyke

Bundestagswahl 2002

Wahlen – Wähler – Wahlkampf

Leske + Budrich, Opladen 2002

Gedruckt auf alterungsbeständigem und säurefreiem Papier

Die Deutsche Bibliothek – CIP-Einheitsaufnahme
Ein Titeldatensatz für die Publikation ist bei
Der Deutschen Bibliothek erhältlich

ISBN 978-3-8100-3508-0   ISBN 978-3-322-92247-2 (eBook)
DOI 10.1007/978-3-322-92247-2

© 2002 Leske + Budrich, Opladen

Das Werk einschließlich aller seiner Teile ist urheberrechtlich geschützt. Jede Verwertung außerhalb der engen Grenzen des Urheberrechtsgesetzes ist ohne Zustimmung des Verlages unzulässig und strafbar. Das gilt insbesondere für Vervielfältigungen, Übersetzungen, Mikroverfilmungen und die Einspeicherung und Verarbeitung in elektronischen Systemen.

Einbandgestaltung: disegno, Wuppertal
Satz: Leske + Budrich, Opladen

Inhalt

Bundestagswahl 2002 – eine Einführung 7

1.   Wahlen im politischen System der Bundesrepublik
     Deutschland 9
1.1 Strukturmerkmale des poltiischen Systems 9
1.2 Politische Teilhabemöglichkeiten 11
1.3 Wahlen im Bundesstaat 13
1.4 Zur Rolle des Bundestages 15

2.   Begriff und Funktionen von Wahlen.. 21
2.1 Wahl ist Teilnahme am politischen Prozeß 21
2.2 Funktionen von Wahlen für die parlamentarische Demokratie 22

3.   Wahlen zum Deutschen Bundestag – Wahlrecht
     und Wahlsystem 27

4.   Die Parteien – Träger der Wahl 37
4.1 Rechtliche Normierungen Grundgesetz und Parteiengesetz............. 37
4.2 Funktionen der Parteien 39
4.3 Parteienfinanzierung 39
4.4 Parteien und Kandidatenaufstellung... 41

5.   Wählerverhalten und Wahlforschung.................................... 45
5.1 Einflüsse auf das Wahlverhalten 45
5.2 Ausgewählte Ergebnisse der Wahlforschung 48

6.   Der Wahlkampf.. 53
6.1 Definition, Stellenwert und Funktionen des Wahlkampfes 53
6.2 Parteien und Wahlkampf 55

7   Chronik der wichtigsten politischen Ereignisse 1998-2002 65

Bundestagswahl 2002 – eine Einführung

Am 22. September 2002 findet die Wahl zum 15. Deutschen Bundestag statt. Nachdem die Unionsparteien CDU/CSU zu Beginn des Jahres 2002 mit dem bayerischen Ministerpräsidenten und CSU-Vorsitzenden *Stoiber* ihren Kanzlerkandidaten bestimmt haben, herrscht Klarheit über den Herausforderer von Bundeskanzler *Schröder*. Die Berliner Politik ist in die letzte Etappe der 14. Legislaturperiode eingelaufen, die überwiegend vom Wahlkampf bestimmt sein wird. Die im Parlament zu verabschiedenden Gesetze werden auch mit Blick auf den Wahlkampf vorgebracht. Die Aschermittwochkundgebungen Mitte Februar 2002 fast aller politischen Parteien läuteten unverkennbar den Wahlkampf ein. Der Beginn der Fastenzeit veranlasste die Redner, noch einmal holzschnittartig den parteipolitischen Gegner schlecht aussehen zu lassen. Doch sollte man sich nicht täuschen; auch dieses Procedere gehört zum Geschäft, und die Übertreibungen sind natürlich nicht so ernst gemeint, wie sie von einem erwartungsfreudigen Publikum gern aufgenommen werden.

Die Entscheidung über die zukünftige Konstellation der deutschen Politik fällt erst im September dieses Jahres. Bleibt die rot-grüne Bundesregierung, das „rot-grüne" Projekt, eine einmalige Kurzzeit-Veranstaltung, oder erhält sie durch den Wähler eine Verlängerung? Haben die Unionsparteien nach ihrem Machtverlust von 1998 und der im November 1999 bekanntgewordenen Spendenaffäre inzwischen schon wieder soviel an personeller und programmatischer Erneuerung erreicht, dass die jetztige Opposition eine gute Chance hat, die rot-grüne Bundesregierung abzulösen? Wie auch immer die Parteien sich in der verbleibenden Zeit des Wahlkampfs geben, die Entscheidung über Regierung und Opposition treffen die Wähler. Mit der Abgabe ihrer Stimmen machen sie ihre Meinungen, ihre Vorlieben und ihre Abneigungen deutlich, die in den großen Prozess der Meinungsfindung und Meinungsbildung in der Demokratie eingehen. Welche Rolle spielen hierbei die Medien?

Fernseh- und Hörfunkprogramme, Zeitungen und Zeitschriften versuchen, aus dem *Event* Bundestagswahl 2002 Honig zu saugen. Können etwa die Medien den Kanzler „machen", so dass wir Wähler eigentlich gar nicht mehr zur Wahl zu gehen brauchen? Wohl kaum, aber sie können versuchen, den jeweiligen Kandidaten für das Kanzleramt in einem bestimmten Licht positiv oder negativ erscheinen zu lassen. Aber die einmal von den Parteigremien ins Rennen geschickte Persönlichkeit können sie nicht mehr verhindern. Wenn es zwischen der Person des Kandidaten, dem Programm und der Performance einer Partei eine gute Übereinstimmung gibt, dürfte es auch für Medien schwierig sein, einen solchen Kandidaten durch Berichterstattung zu „kippen". Hochprofessionell ist die Werbearbeit der Parteien und der

Kandidaten. Erfahrene Werbeagenturen und Journalisten entwickeln und organisieren die Kampagnen im Wahlkampf. Die Spitzenkandidaten heute haben enge, sie permanent beratende Mitarbeiter („spin doctors"), die vor allem am Image arbeiten.

Warum sollen wir eigentlich zur Wahl gehen und können wir denn etwas verändern? 1998 wurde zum ersten Mal in der Geschichte der Bundesrepublik eine Bundesregierung vom Wähler abgewählt, während zuvor Regierungsveränderungen nur durch den Austausch zumindest eines Koalitionspartners ermöglicht wurden. So müssen die Politiker, wenn sie wiedergewählt werden wollen, die Meinungs- und Willensbildung der Wählerschaft berücksichtigen, was offensichtlich 1998 nicht erfolgt war. Mit der Teilnahme an der Wahl wird gleichzeitig neben der Kontrolle der Regierenden auch politische Herrschaft legitimiert. Somit macht der Wähler nicht nur von einem fundamentalen politischen Recht Gebrauch, sondern er nimmt durch den Wahlakt auch aktiv am politischen Entscheidungsprozess teil.

Bei der Bundestagswahl 1998 traten 33 Parteien an, wobei mit SPD, CDU/CSU, Bündnis 90/Die Grünen, FDP und PDS fünf Parteien die 5 Prozent-Sperrklausel überwinden konnten. Die geringste Unterstützung erhielt die Humanistische Partei mit 435 Stimmen. Am erfolgreichsten war die SPD, für die 20 178 838 Stimmen abgegeben wurden. Die Partei der Nichtwähler kandierte ebenso wie die Partei Bibeltreuer Christen. Das heißt, dass es ein breites politisches Angebot gibt. Auch 2002 werden sich wieder zahlreiche Parteien um die Gunst der Wähler bewerben. So gibt es allein im rechtsextremen Spektrum mit den Republikanern, der Deutschen Volksunion sowie der NPD drei Parteien, die z.T. in einigen Landtagen in jüngerer Zeit Erfolge erzielten, die aber auf Bundesebene kaum Chancen haben, die 5-Prozent-Sperrklausel zu überwinden. Ein interessantes Phänomen ist die „Partei Rechtsstaatliche Offensive", in den Medien besser unter dem Begriff „Schill-Partei" bekannt. Im September 2001 gelang es der Schill-Partei bei den Wahlen zur Hamburger Bürgerschaft aus dem Stand heraus 19,7% der Stimmen auf sich zu vereinen. Die Partei hatte vor allem die „Innere Sicherheit" thematisiert und damit viele Wähler von CDU und SPD angesprochen. Ob die Schill-Partei bei der Bundestagswahl 2002 kandidiert, ist noch eine offene Frage.

Darüber hinaus werden sich sicherlich wieder viele Kleinstparteien zur Wahl stellen, obwohl sie keine Chance haben werden. Dennoch ist es ein Zeichen politischer Partizipation, dass Bürger in Form von Kandidaturen Flagge zeigen und dem Wähler ein erweitertes politisches Spektrum anbieten.

Im Verlauf des Frühsommers werden die Parteien ihre Programmangebote vorlegen. Der Wähler sollte sich diese Programmatik durchaus ansehen, auch wenn Koalitionsbildungen eine lupenreine Durchsetzung der Programme nicht erlauben dürften. Die Spitzenkandidaten der Parteien personalisieren die Programmatik. Der Wähler muss für sich entscheiden, in welchen Politikern und Programmen er sich wiederfindet. Dass er sich nicht mit allen Vorstellungen einer Partei identifizieren kann, versteht sich von selbst. Angesichts von mehr als 65 Mio. Wahlberechtigten ist es die Aufgabe der Parteien, die bei den Wahlberechtigten vorhandenen unterschiedlichen politischen Zielvorstellungen zusammenzuführen. Mit der Wahl wird dem Bürger ein Angebot gemacht, das er nutzen sollte.

Münster, März 2002   *Wichard Woyke*

1. Wahlen im politischen System der Bundesrepublik Deutschland

Die jeweiligen Funktionen und die Bedeutung von Wahlen sind abhängig von der Struktur des politischen Systems, in dem die Wahlen stattfinden.

Art. 20 Abs. 1 GG: „Die Bundesrepublik Deutschland ist ein demokratischer und sozialer Bundesstaat."

Art. 28 Abs. 1 GG: „Die verfassungsmäßige Ordnung in den Ländern muss den Grundsätzen des republikanischen, demokratischen und sozialen Rechtsstaates im Sinne dieses Grundgesetzes entsprechen. (...)"

1.1 Strukturmerkmale des politischen Systems

Der Minimalkonsens über die grundlegende politische Struktur der Bundesrepublik Deutschland ist im Grundgesetz (GG) fixiert. Wichtige Strukturmerkmale werden in den Art. 20 und 28 GG angesprochen: *Demokratie, Republik, Bundesstaat, Rechtsstaat und Sozialstaat.* Da der Demokratiebegriff für sehr unterschiedliche politische Systeme in Anspruch genommen wird, versucht man häufig, ihn durch Zusätze genauer zu umschreiben. Die Bundesrepublik versteht sich als *freiheitliche, pluralistische* Demokratie. Dieses Selbstverständnis orientiert sich an den Vorstellungen und Traditionen westlicher Demokratien. Damit verbunden war im „Wettkampf der Systeme" insbesondere eine Abgrenzung gegenüber dem Typus östlicher „Volksdemokratien", wie ihn z.B. die DDR verkörperte.

Mit *freiheitlich* soll ausgesagt werden, daß den individuellen Freiheitsrechten der Bürger ein besonderer Stellenwert eingeräumt wird. Ausdruck dessen ist die starke Betonung der Grundrechte, die nicht zufällig im ersten Teil des Grundgesetzes verankert und mit besonderen politischen und rechtlichen Sicherungen ausgestattet sind. Die Grundrechte begrenzen auch die Handlungsmöglichkeiten der aus den Wahlen hervorgehenden politischen Mehrheiten im Parlament. Der Wesensgehalt der Grundrechte darf nach dem Grundgesetz nicht beseitigt werden und steht damit auch nicht zur Disposition einer verfassungsändernden Mehrheit (Änderungen des Grundgesetzes bedürfen einer Zwei-Drittel-Mehrheit von Bundestag und Bundesrat). *Pluralistisch* soll ausdrücken, daß die politische Willensbildung in der

Auseinandersetzung und Konkurrenz unterschiedlicher politischer Gruppen und Positionen erfolgt. Die Zukunft ist offen, und daher sind Auseinandersetzungen um den richtigen politischen Weg notwendig und legitim.

Die Freiheit der politischen Auseinandersetzung, insbesondere die Beteiligung an Wahlen, kann allerdings für solche Gruppen und Personen beschränkt werden, die diese Offenheit einer pluralistischen Demokratie nicht zu respektieren bereit sind. Das Grundgesetz ist geprägt von den Erfahrungen der *Weimarer Republik*, in der extremistische politische Parteien die garantierten politischen Freiheitsrechte benutzten, um für deren Abschaffung zu kämpfen. Es bekennt sich daher zur *„wehrhaften Demokratie"* nach dem Motto: keine Freiheit für die Feinde der Freiheit.

Die Organisation des politischen Entscheidungsprozesses in der Demokratie (griechisch = Volksherrschaft) der Bundesrepublik wird in Art. 20 Abs. 2 GG angesprochen:

> „Alle Staatsgewalt geht vom Volke aus. Sie wird vom Volke in Wahlen und Abstimmungen und durch besondere Organe der Gesetzgebung, der vollziehenden Gewalt und der Rechtsprechung ausgeübt."

Damit kommt Wahlen und Abstimmungen als Mittel der Volksherrschaft eine besondere Bedeutung zu.

Nach dem Willen des *Parlamentarischen Rates*, der das Grundgesetz ausgearbeitet hat, ist die Bundesrepublik auf der Bundesebene im wesentlichen als *repräsentative* Demokratie gestaltet. Der Bürger kann seinen politischen Willen fast nur *indirekt*, durch die Wahl von *Repräsentanten*, zum Ausdruck bringen. Diese treffen als auf Zeit bestellte Treuhänder im Namen der Bevölkerung die politischen Entscheidungen. Anders als z.B. in der Schweizer Referendumsdemokratie sind direkte politische Sachentscheidungen der Bürger in Form eines *Volksentscheides* die große Ausnahme. Auf der Ebene des Bundes ist der Volksentscheid ausschließlich für den Fall einer Neugliederung des Bundesgebietes vorgesehen (Art. 29 und 118 GG). Die Verfassungen der Bundesländer, insbesondere der ostdeutschen Bundesländer, räumen Volksbegehren und Volksentscheid teilweise einen höheren Stellenwert ein, aber auch dort haben die engen Voraussetzungen dazu geführt, daß diese Möglichkeiten bisher selten genutzt worden sind. Am stärksten verbreitet sind diese Instrumente direkter Beteiligung auf der kommunalen Ebene, wo sie in den letzten Jahren in allen Ländern in den Kommunalverfassungen verankert worden sind und wo inzwischen vielfältige Erfahrungen vorliegen.

Die Skepsis des Parlamentarischen Rates gegenüber direkten politischen Sachentscheidungen des Volkes ist auf die Erfahrungen mit der Weimarer Verfassung zurückgeführt worden, die in Art. 73 Volksbegehren und Volksentscheid vorsah. In der Weimarer Republik seien die Volksbegehren zu hemmungsloser Agitation und damit zur emotionalen Aufheizung der politischen Atmosphäre mißbraucht worden. Die Frage bleibt aber offen, ob sich diese Erfahrungen auf die Bundesrepublik übertragen lassen und dem Bewußtsein der Bevölkerung entsprechen.

Umstritten sind nicht nur Sinn und Form einer stärkeren plebiszitären Komponente – von Volksbefragungen über Volksentscheide bis hin zur Direktwahl des

Bundespräsidenten –, sondern auch, wie weit dazu eine Änderung des Grundgesetzes nötig wäre.

Dagegen hat der direktdemokratische Gedanken auf Landes- und Kommunalebene in den 90er Jahren einen Siegeszug angetreten. Seit 1990 sind acht neue Landesverfassungen in Kraft getreten: in Schleswig-Holstein, Niedersachsen, Berlin und den neuen fünf ostdeutschen Ländern. Auch wurden die Landesverfassungen in Bremen, Hamburg und Rheinland-Pfalz revidiert, so daß in mehr als der Hälfte aller Bundesländer eine weitreichende Änderung der rechtlichen Grundordnung stattgefunden hat. Parallel ging damit eine Entscheidung für mehr direkte Demokratie einher.

Politische Schubkraft erhielt der Ansatz der direkten Demokratie einmal durch die Verfassungsreform in Schleswig-Holstein im Anschluß an die *Barschel-Affäre* Ende der 80er Jahre sowie durch die friedliche Revolution in der DDR. In vielen Bundesländern wurden nun Volksbegehren und Volksentscheid eingeführt. Noch bedeutsamer ist jedoch, dass die Hürden beim Volksbegehren deutlich gesenkt wurden – so in Schleswig-Holstein auf 5% der Stimmberechtigten, in Brandenburg auf nur rund 4% der Simmberechtigten und in Nordrhein-Westfalen im März 2002 von 20% auf 8% – so dass das Antragsverfahren bewußt erleichtert wurde.

In den 90er Jahren hat sich die direkte Demokratie auf der Kommunalebene ebenfalls flächendeckend durchgesetzt. Bis 1990 kannte nur Baden-Württemberg Bürgerbegehren und Bürgerentscheid. Diese neue Angebote zur politischen Beteiligung wurden von den Bürgern gut angenommen.

1.2 Politische Teilhabemöglichkeiten

Aber auch die bislang ganz überwiegend repräsentativ ausgestaltete Demokratie der Bundesrepublik bietet dem Bürger nicht nur bei Wahlen die Möglichkeit, sich am politischen Willensbildungs- und Entscheidungsprozeß zu beteiligen und darauf Einfluß zu nehmen. Wahlen sind allerdings die vom Bürger am stärksten genutzte Form politischer Beteiligung. Sie ermöglichen, mit nur beschränktem Engagement und Zeitaufwand die eigene Stimme zur Geltung zu bringen. Als weitergehende Formen politischen Engagements sind insbesondere zu nennen die aktive Mitgliedschaft in

– einer *Partei*
– einer *Interessengruppe*
– einer *Bürgerinitiative*.

Weitere Beteiligungsmöglichkeiten können die Teilnahme an *Demonstrationen*, die *Einflussnahme auf die öffentliche Diskussion*, z.B. durch Leserbriefe in der Lokalpresse, durch politische *Diskussionen* im privaten Bereich sowie durch *Eingaben* an den Rat bzw. die Verwaltung oder direktes Ansprechen politischer Repräsentanten.

Parteien

Die politische Einwirkungsmöglichkeit durch die Beteiligung an Wahlen ist u.a. dadurch eingeschränkt, daß die Wahl sich zwischen verschiedenen Sach- und Personalangeboten von Parteien vollzieht, deren Ausgestaltung der Wähler direkt nicht beeinflussen kann. Wer darauf Einfluß nehmen will, muß einer Partei beitreten. Diese Möglichkeit wird bisher aber nur von einer kleinen Minderheit der Bevölkerung genutzt. In der Bundesrepublik sind z.Zt. ca. 1,9 Mio. Bürger Mitglied in einer politischen Partei.

Interessenverband

Auch die aktive Mitgliedschaft in einem *Interessenverband*, z.B. einer Gewerkschaft, eröffnet politische Einwirkungsmöglichkeiten. Die Interessenvertretung mit Hilfe von Verbänden ist legitim und ermöglicht es, Interessen gebündelt in den politischen Entscheidungsprozeß einzubringen. Ein Problem ist allerdings, daß nicht alle Interessen in gleicher Weise organisierbar und damit die Chancen ihrer politischen Berücksichtigung unterschiedlich sind.

Interessenverbände lassen sich gegenüber Parteien in der Regel dadurch abgrenzen, daß ihr Interessenbereich begrenzter ist und sie sich nicht direkt um eine Vertretung in den Parlamenten bemühen. Sie suchen Unterstützung für ihre Forderungen in der Öffentlichkeit, bei den Parteien, Parlamenten und Regierungen. Bei schweren Konflikten mit bestimmten Parteien und/oder der Regierung haben Verbände auch massiv versucht, die Wahlentscheidung über ihre Mitglieder zu beeinflussen. So hat z.B. der DGB 1953 vor dem Hintergrund der Auseinandersetzungen um die Mitbestimmungsgesetze gefordert: „Wählt einen besseren Bundestag", und 1998 hat er im Hinblick auf die Bundestagswahl eine aufwendige Kampagne für einen „Politikwechsel" initiiert. Die Verbände sind ein einflußreiches Element unseres pluralistischen politischen Systems, auch wenn die These von der „Herrschaft der Verbände" überzogen scheint und die großen Verbände wie die Parteien auch mit Mitgliederschwund zu kämpfen haben.

Bürgerinitiativen

Ein Mittel der politischen Einflußnahme, das seit den 70er Jahren an Bedeutung gewonnen hat, ist die Beteiligung an *Bürgerinitiativen*. Bürgerinitiativen können als Ausdruck des Unbehagens gegenüber Parteien und Verbänden gedeutet werden, weil diese die in der Bevölkerung vorhandenen Vorstellungen und Forderungen nicht angemessen widerspiegeln. Bürger greifen daher Probleme – meist im unmittelbaren Erfahrungsbereich – auf und organisieren sich, um gegen aus ihrer Sicht bestehende oder drohende Mißstände direkt, ohne Vermittlung über Parteien und Verbände, vorzugehen. Dabei scheint ein Anreiz, sich in Bürgerinitiativen zu engagieren, deren im Vergleich zu Parteien und Verbänden sehr flexible, unbürokratische Organisation zu sein.

12

Ein großer Teil der Bürgerinitiativen hat sich in Fragen engagiert, die mit der Umweltproblematik verknüpft sind. Eine Schwäche von Bürgerinitiativen ist ihr häufig enger, punktueller Ansatz. Das politische Engagement in Bürgerinitiativen führt in vielen Fällen zu der Erkenntnis, daß die verfolgten Ziele eigentlich die politische Einwirkung auf sehr viel breitere Sachzusammenhänge, z.B. die Änderung von Gesetzen erfordern, für die eine Vertretung in den Parlamenten notwendig ist. Auch die Gründung der Partei „Die Grünen", die ihrem Selbstverständnis nach ihr „Standbein" in der Bürgerinitiativbewegung sah, entsprang nicht zuletzt solchen Erwägungen.

1.3 Wahlen im Bundesstaat

Die Bundesrepublik Deutschland ist ein *Bundesstaat*. Die staatlichen Rechte und Zuständigkeiten sind aufgeteilt zwischen den eigenständigen Gebietskörperschaften Bund, Länder und Gemeinden. Diese *vertikale Gewaltenteilung* soll u.a. die Gefahr eines staatlichen Machtmißbrauchs verringern. Im Zuge der europäischen Integrationsbestrebungen ist die EU als vierte, *übernationale* Ebene hinzugekommen. Auf allen vier Ebenen gibt es eigene repräsentative Vertretungen, deren Mitglieder von den Bürgern direkt gewählt werden.

Auf der *kommunalen* Ebene der Gemeinden und Kreise haben die Wähler bisher nicht nur Kandidaten der großen Parteien, sondern auch Vertretern *freier Wählergemeinschaften*, der „Rathausparteien", Mandate erteilt. Auf Landes- und Bundesebene dominieren die großen Parteien. Auf der Ebene der EU hat sich im Zusammenhang mit den ersten Direktwahlen zum Europäischen Parlament ein europäisches Parteiensystem herausgebildet, das auf den nationalen Parteien aufbaut, aber auch auf diese zurückwirkt.

Für die Verteilung der Aufgaben und Zuständigkeiten auf die verschiedenen Ebenen gilt der Grundsatz der Subsidiarität, d.h., die Aufgaben sollten möglichst auf der bürgernächsten Ebene wahrgenommen und erst auf die nächsthöhere Ebene verlagert werden, wenn sich dies für eine möglichst wirksame Aufgabenwahrnehmung als notwendig erweist. Ungeachtet wachsenden Gewichts der EU – z.B. Aufgabenzuwachs im Hinblick auf die Sicherung des gemeinsamen Binnenmarktes und die Außenwirtschaftspolitik – liegt das Schwergewicht der Staatsaufgaben heute noch auf der Bundesebene. Auch die Bundesländer besitzen nach dem Grundgesetz eine starke Stellung, mußten aber im Laufe der Entwicklung einen Teil ihrer Aufgaben und Befugnisse an den Bund abgeben. Ein wichtiger Grund dafür liegt in dem Ziel möglichst großer *Einheitlichkeit der Lebensverhältnisse* im gesamten Bundesgebiet. Der Kompetenzgewinn des Bundes gegenüber den Ländern ist allerdings teilweise dadurch

Europawahlen

Bundestagswahlen

Landtagswahlen

Kommunalwahlen

ausgeglichen worden, daß die Länder über den Bundesrat an der politischen Willensbildung des Bundes verstärkt mitwirken. Ein wachsender Teil der Bundesgesetzgebung ist nämlich *zustimmungspflichtig*, d.h. solche Gesetze treten nur in Kraft, wenn ihnen außer der Mehrheit des Bundestages auch die Mehrheit des Bundesrates zustimmt.

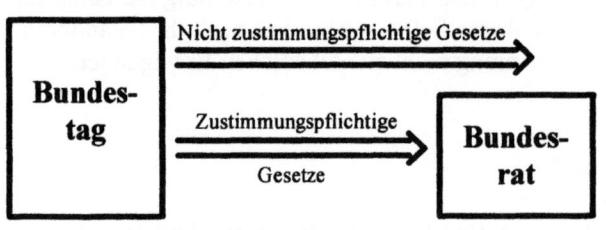

Die daraus folgende Bedeutung der *Mehrheitsverhältnisse im Bundesrat* hat mit dazu beigetragen, daß bei Landtagswahlen bundespolitische Gesichtspunkte eine große Rolle spielen. Landtagswahlen im Vorfeld von Bundestagswahlen werden zudem leicht zu Testwahlen, die Auskunft über den Trend für die kommende Bundestagswahl geben sollen. Als Beispiele seien zwei Landtagswahlen in Niedersachsen genannt. Der Wahlsieg der SPD im Juni 1990 und die daraus folgende rot-grüne Koalitionsregierung brachte den SPD-geführten Landesregierungen eine Mehrheit im Bundesrat und engte den Handlungsspielraum der christlich-liberalen Bundesregierung entsprechend ein. Die Landtagswahl im März 1998 wurde von der SPD zu einer Art Volksentscheid auf Landesebene über ihren Kanzlerkandidaten gemacht, und der überzeugende Wahlsieg des niedersächsischen Ministerpräsidenten *Schröder* entschied nicht nur die Frage des Kanzlerkandidaten de facto zu seinen Gunsten, sondern wurde auch als wichtiger strategischer Zwischenschritt für den Bundestagswahlkampf gewertet („Schröder-Hoch").

Entsprechend der besonderen Bedeutung des Bundes als politischer Entscheidungsebene sind die Bundestagswahlen die wichtigsten Wahlen in unserem politischen System. Auf sie richten sich daher nicht nur die konzentrierten Werbeanstrengungen der Parteien, sie stehen auch im Scheinwerferlicht der in- und ausländischen Öffentlichkeit.

Tab. 1: Wahlbeteiligung bei Bundestagswahlen

Jahr	Wahlbeteiligung in %	Ostdeutschland	Westdeutschland
1949	78,5		
1953	86,0		
1957	87,8		
1961	87,7		
1965	86,8	Durchschnitt 85,7	
1969	86,7		
1972	91,1		
1976	90,7		
1980	88,6		
1983	89,1		
1987	84,3		
1990	77,8	74,5	78,6
1994	79,0	72,6	80,5
1998	82,2	80,2	82,8

Hinsichtlich der Wahlbeteiligung ist zu beobachten, daß sie in der Regel von den Kommunal- und Landtagswahlen zu den Bundestagswahlen stark ansteigt, um dann bei den Europawahlen noch stärker wieder abzufallen. Mit durchschnittlich gut 85% Wahlbeteiligung hat Deutschland im internationalen Vergleich bei freien Wahlen eine sehr hohe Quote (vgl. Tab. 1).

1.4 Zur Rolle des Bundestages

Die Bundesrepublik Deutschland ist eine parlamentarische Demokratie, im Gegensatz z.B. zum präsidentiellen Regierungssystem der USA. Im Zentrum des deutschen Regierungssystems steht daher der Bundestag, das einzige Verfassungsorgan, das direkt von der Bevölkerung gewählt wird. Parlamentarische Regierungssysteme zeichnen sich dadurch aus, daß die Regierung strikt vom Vertrauen der Parlamentsmehrheit abhängig ist. Funktional betrachtet ist die Regierung so etwas wie ein Ausschuß aus führenden Vertretern der Parlamentsmehrheit. Fast alle Kanzler der Bundesrepublik und nahezu alle Bundesminister sind daher auch aus dem Kreis der Bundestagsabgeordneten gekommen. Regierung und die die Regierung tragenden Fraktionen des Parlaments – Regierungsfraktionen – gehen im Normalfall eine enge politische Symbiose ein. Politisch gesehen läuft die wichtigste Trennlinie nicht zwischen Regierung und Parlament, sondern quer durch das Parlament. Auf der einen Seite stehen die Regierung und die Regierungsfraktion(en) des Parlaments, auf der anderen Seite die Oppositionsfraktion(en).
   Wichtige Funktionen des Bundestages sind:

- die *Wahlfunktion*
- die *Artikulationsfunktion*
- die *Gesetzgebungsfunktion*
- die *Kontrollfunktion*.

Wahlfunktion

Der wichtigste Wahlakt des Bundestages ist die Wahl des *Bundeskanzlers*. Darüber hinaus ist der Bundestag beteiligt an der Wahl zweier weiterer Verfassungsorgane. Er wählt zusammen mit einer gleichen Anzahl von Landtagsabgeordneten den *Bundespräsidenten* und darüber hinaus die Hälfte der Mitglieder des *Bundesverfassungsgerichts*.
   Eine Besonderheit des Grundgesetzes ist das „*konstruktive Mißtrauensvotum*" nach Art. 67 Abs. 1 GG:

> „Der Bundestag kann dem Bundeskanzler das Mißtrauen nur dadurch aussprechen, daß er mit der Mehrheit seiner Mitglieder einen Nachfolger wählt und den Bundespräsidenten ersucht, den Bundeskanzler zu entlassen. Der Bundespräsident muß dem Ersuchen entsprechen und den Gewählten ernennen."

Diese Bestimmung macht einmal mehr das Bemühen der Verfassungsgeber um Regierungsstabilität deutlich, wobei wiederum die Erfahrungen mit der Weimarer Republik den Hintergrund bildeten. Verhindert werden soll eine Situation, in der politisch gegensätzliche Oppositionsfraktionen, wie z.B. die KPD und die NSDAP in der Weimarer Republik, die Regierung stürzen, ohne aber in der Lage zu sein, sich auf einen neuen Regierungschef zu einigen. Das konstruktive Mißtrauensvotum ist in der Geschichte der Bundesrepublik bisher nur zweimal versucht worden: 1972 gegen Bundeskanzler *Brandt* vergeblich, 1982 mit der Abwahl Helmut *Schmidts* durch die Wahl Helmut *Kohls* erfolgreich. Der Bundestag hat in der Vergangenheit seine Aufgabe der Kanzlerwahl ohne größere Probleme erfüllen können. Der Hauptgrund für die Regierungsstabilität dürfte aber kaum in Vorkehrungen wie dem konstruktiven Mißtrauensvotum zu suchen sein. Entscheidend waren die Fähigkeit der im Parlament vertretenen Parteien, regierungsfähige Mehrheiten zu bilden, und letztlich das für die Zusammensetzung des Bundestages maßgebliche Votum des Wählers.

Artikulationsfunktion

Der Bundestag bildet das zentrale Forum für die Vertretung der politischen Meinungen und Interessen der Bevölkerung. Hier sollen die wichtigsten politischen Probleme, die die Bevölkerung angehen und die sie bewegen, durch ihre Repräsentanten zur Sprache gebracht werden. Kritiker bemängeln, daß diese Artikulationsfunktion vom Bundestag zu wenig wahrgenommen werde.

Ausschüsse des Bundestages in der 14. Wahlperiode

- Ausschuss für Wahlprüfung, Immunität und Geschäftsordnung
- Wahlprüfungsausschuss
- Petitionsausschuss
- Auswärtiger Ausschuss
    - Unterausschuss Vereinte Nationen des Auswärtigen Ausschusses
- Innenausschuss
- Sportausschuss
- Rechtsausschuss
- Finanzausschuss
- Haushaltsausschuss
- Rechnungsprüfungsausschuss
- Ausschuss für Wirtschaft und Technologie
- Ausschuss für Verbraucherschutz, Ernährung und Landwirtschaft
- Ausschuss für Arbeit und Sozialordnung
- Verteidigungsausschuss
- Ausschuss für Familie, Senioren, Frauen und Jugend
- Kommission zur Wahrnehmung der Belange der Kinder
- Ausschuss für Gesundheit
- Ausschuss für Verkehr, Bau- und Wohnungswesen
- Ausschuss für Umwelt, Naturschutz und Reaktorsicherheit
- Ausschuss für Angelegenheiten der Neuen Länder
- Ausschuss für Menschenrechte und humanitäre Hilfe

- Ausschuss für Bildung, Forschung und Technikfolgenabschätzung
- Ausschuss für wirtschaftliche Zusammenarbeit und Entwicklung
- Ausschuss für Tourismus
- Ausschuss für Angelegenheiten der Europäischen Union
- Ausschuss für Kultur und Medien
    - Unterausschuss für Neue Medien

Der Bundestag gehört eher zum Typus des „Arbeitsparlaments". Damit ist gemeint, daß der Schwerpunkt der Abgeordnetenarbeit nicht in den öffentlichen Plenarsitzungen – Sitzungen des Gesamtparlaments – liegt, sondern sich in den in der Regel nicht öffentlich tagenden *Ausschüssen* abspielt. Die Ausschüsse ermöglichen eine begrenzte Arbeitsteilung auch unter den Abgeordneten, die wegen der Vielzahl und der Unterschiedlichkeit der zu behandelnden Materien unerläßlich ist. Die geringe Präsenz von Abgeordneten bei manchen Plenardebatten, die im Mittelpunkt der Medien-, insbesondere der Fernsehberichterstattung, stehen, führt zwar häufig zu verständlicher Kritik in der Bevölkerung, die Folgerung, die meisten Abgeordneten seien offenbar „Faulenzer", wäre aber eindeutig falsch. Untersuchungen belegen, daß Abgeordnete, die neben ihren Aufgaben im Bundestag vor allem noch ihre Arbeit im Wahlkreis und Parteiaufgaben wahrzunehmen haben, zeitlich überfordert werden und häufig auf das Doppelte einer 40-Stunden-Woche kommen.

Ein weiterer Kritikpunkt ist die *soziale Struktur* des Bundestages. Nun wäre es sicherlich verfehlt zu erwarten, daß der Bundestag die soziale Struktur der Bevölkerung exakt widerspiegelt. Die Gesetzgebungsarbeit des Bundestages z.B. erfordert Sachqualifikationen, die Personen mit entsprechender Ausbildung begünstigen. Das führt z.B. dazu, daß der Anteil von Akademikern im Bundestag (mehr als zwei Drittel) sehr viel größer ist als im Durchschnitt der Bevölkerung. Mit der starken Unter- bzw. Überrepräsentation von bestimmten Bevölkerungsgruppen im Bundestag ist die Gefahr verbunden, daß die Interessen dieser Gruppen bei den Entscheidungen zu schwach bzw. zu stark berücksichtigt werden. Einschränkend gilt allerdings, daß sich das Abstimmungsverhalten von Abgeordneten sehr stark an der Position ihrer Partei orientiert. Unter dem beruflichen Aspekt fällt insbesondere die starke Überrepräsentation von Lehrern und Professoren, allgemein von Angehörigen des öffentlichen Dienstes und von Partei- und Verbandsangestellten auf. Einen Überblick über die berufliche Zusammensetzung des letzten Bundestages vermittelt Tab. 2.

Tab. 2: Berufsstruktur der Mitglieder des 14. Deutschen Bundestages

	Männer						Frauen					
	SPD	CDU/ CSU	B 90/ Grüne	FDP	PDS	ges.	SPD	CDU/ CSU	B 90/ Grüne	FDP	PDS	ges.
Hauptschule	21	15	–	1	1	38	7	2	–	–	–	9
Realschule, mittlere Reife	37	27	1	4	1	70	22	5	3	2	3	35
Höhere Schule	126	144	18	28	11	327	74	35	24	6	17	156
Berufsfachschule	4	3	–	1	–	8	2	–	–	1	–	3
ohne Angaben	5	11	1	–	2	19	–	3	–	–	1	4
Fortbildung Höhere Fachschule	5	11	–	2	1	19	8	3	–	–	–	11
PH, Pädagog. Inst. Pädagog. Akademie	9	5	–	3	–	17	12	2	2	–	2	18
Universität mit Abschluß	119	145	14	27	10	315	58	25	18	6	14	121
Universität ohne Abschluß	18	3	4	–	2	27	6	1	1	–	–	8
	151	164	18	32	13	378	84	31	21	6	16	158

Allgemein hat die zunehmende *Professionalisierung* der Politik zu einem Übergewicht von Abgeordneten aus dem politiknahen Berufsfeld geführt.

Die *Frauen* sind im Bundestag bisher trotz steigender Tendenz eindeutig in der Minderheit. Bei der Bundestagswahl 1998 wurden 207 Frauen gewählt, die damit immerhin erstmals mehr als 30 Prozent aller Abgeordneten stellen. Gerade die Unterrepräsentanz der Frauen hat auch zu verschärften Diskussionen und teilweise zu Beschlüssen zur Erhöhung des Frauenanteils in den Parteien geführt, die über ihre Kandidatenauswahl die soziale Struktur des Bundestages weitgehend bestimmen.

Gesetzgebungsfunktion

Eine zentrale Aufgabe des Bundestages ist die Beratung und Verabschiedung von Bundesgesetzen (in Zusammenarbeit mit dem Bundesrat). Dabei wird die wichtige Detailberatung im wesentlichen in den Ausschüssen, insbesondere in dem für das betreffende Gesetz federführenden Ausschuß, geleistet. Der Bundestag gilt im internationalen Vergleich als „fleißiges" Parlament. So wurden z.B. in der 12. Legislaturperiode 1990-94 800 Gesetzesinitiativen beraten und 507 Gesetze verabschiedet.

Gesetzentwürfe können vom Bundesrat, von der Bundesregierung oder aus der Mitte des Bundestages von Abgeordneten eingebracht werden. Die enge Verbindung von Regierung und Regierungsfraktion(en) führt dazu, daß die Initiative in der Regel der Regierung überlassen wird. Sie bringt auch die meisten Gesetzentwürfe ein. Die Regierung ist für die Ausarbeitung der häufig komplizierten Gesetzentwürfe besser gerüstet, weil sie auf den Expertenstab in den Ministerien zurückgreifen kann. Gesetzentwürfe aus der Mitte des Bundestages stammen meist von Abgeordneten der Opposition, werden aber aufgrund der Mehrheitsverhältnisse selten verabschiedet. Sie sind nicht zuletzt ein Instrument der Opposition, ihre Vorstellung einer Regelung öffentlichkeitswirksam darzulegen und die Parlamentsmehrheit zu zwingen, Stellung zu nehmen.

Kontrollfunktion

Die Aufgabe, die Regierung zu kontrollieren, liegt zwar beim gesamten Bundestag, aber öffentlich sichtbar versucht vor allem die Opposition, diese Aufgabe wahrzunehmen. Die die Regierung unterstützenden Fraktionen versuchen dagegen meist, Kritik an und Konflikte mit der Regierung intern zu regeln. Da wichtige politische Initiativen der Regierung in der Regel mit Gesetzesänderungen und/oder Finanzbedarf verbunden sind, stellen Gesetzgebungs- und Haushaltsbefugnisse des Bundestages wirksame Kontrollinstrumente dar. Weitere Instrumente sind schriftliche und mündliche *Anfragen*, die die Regierung zur Auskunft und Begründung ihrer Position zwingen sowie *Untersuchungsausschüsse* – in der 14. Legislaturperiode wurde der Ausschuss zur Untersuchung der CDU-Spenden sehr bekannt –, deren Einsetzung ein Viertel der Abgeordneten erzwingen kann. Solange die Regierung über eine stabile Mehrheit im Parlament verfügt, ist die Opposition jedoch auf begleitende Kritik und Entwicklung alternativer Vorschläge beschränkt. Für die Wirksamkeit ihrer Kontrolle ist sie auf die Unterstützung der öffentlichen Meinung und letztlich das Wählervotum angewiesen.

2. Begriff und Funktionen von Wahlen

2.1 Wahl ist Teilnahme am politischen Entscheidungsprozeß

Seit Gesellschaften existieren und Macht eine Rolle darin spielt, muß der Träger der Macht ermittelt werden – wenn er sie sich nicht unter Aufhebung aller gemeinschaftlichen Verhaltensregeln durch Gewalt selbst nimmt. Wir kennen aus der Geschichte und der Gegenwart die unterschiedlichsten Verfahren für die Besetzung von Positionen und Ämtern wie etwa: *Losentscheid, Akklamation, Erbfolge, Ernennung, Beförderung.*

Die Wahl ist das Bestellungsverfahren, bei dem viele (die Wähler) gemeinsam bestimmen, welche wenigen (die *Gewählten*) Macht erhalten sollen. Das technische Verfahren der Wahl ist, vereinfacht ausgedrückt, dies: Der Wahlberechtigte gibt eine oder mehrere *Stimmen* ab, die ausgezählt und nach einem vor der Wahl bekannten Verfahren verrechnet werden.

Funktionen von Wahlen

Bereits aus dem Wort „Wahl" wird eine der wichtigsten Funktionen deutlich, nämlich daß der Wähler zwischen personellen und sachlichen Alternativen auswählen kann. Allerdings finden Wahlen in nahezu allen politischen Systemen statt, seien sie Demokratien, autoritär regierte Staaten oder sogar totalitäre politische Systeme. Das bedeutet, daß die Wahl für die verschiedenen politischen Systeme unterschiedliche Funktionen erfüllt.

Wahlen, die dem eigentlichen Sinn des Wortes entsprechen, in denen Wahlfreiheit und Auswahlmöglichkeit real gegeben sind, werden als *kompetitive* Wahlen bezeichnet. Als *semi-kompetitive* Wahlen wurden die Wahlen in den real-sozialistischen Ländern verstanden. *Nicht-kompetitive* Wahlen werden solche in totalitären Systemen genannt, wobei keine Wahlfreiheit, keine Auswahlmöglichkeit besteht und Wahlen nur der Bestätigung des politischen Systems dienen. Tabelle 3 zeigt die Bedeutung und Funktion von Wahlen in unterschiedlichen Systemen.

Die Struktur der Gesellschaft, des politischen Systems sowie des Parteiensystems sind die entscheidenden Faktoren für die konkreten Wahlfunktionen. Für relativ homogene Gesellschaften ohne große Konfliktlinien und mit einem aus nur wenigen Parteien bestehenden Parteiensystem/parlamentarischen System werden Wahlen folgende Funktionen haben können:

- „Legitimierung des politischen Systems und der Regierung einer Partei oder Parteienkoalition;
- Übertragung von Vertrauen an Personen und Parteien;
- Rekrutierung der politischen Elite;
- Repräsentation von Meinungen und Interessen der Wahlbevölkerung;
- Verbindung der politischen Institutionen mit den Präferenzen der Wählerschaft;
- Mobilisierung der Wählerschaft für gesellschaftliche Werte, politische Ziele und Programme, parteipolitische Interessen;
- Hebung des politischen Bewußtseins der Bevölkerung durch Verdeutlichung der politischen Probleme und Alternativen;
- Kanalisierung politischer Konflikte in Verfahren zu ihrer friedlichen Beilegung;
- Integration des gesellschaftlichen Pluralismus und Bildung eines politisch aktionsfähigen Gemeinwillens;
- Herbeiführung eines Konkurrenzkampfes um politische Macht auf der Grundlage alternativer Sachprogramme;
- Herbeiführung einer Entscheidung über die Regierungsführung in Form der Bildung parlamentarischer Mehrheiten;
- Einsetzung einer kontrollfähigen Opposition;
- Bereithaltung des Machtwechsels."

(Dieter Nohlen: Wahlrecht und Parteiensystem, Opladen 2000, S. 30f.)

Tab. 3: Bedeutung und Funktion von Wahlen

	kompetitive Wahlen	semi-kompetitive Wahlen	nicht-kompetitive Wahlen
Bedeutung im politischen Prozeß	hoch	niedrig	gering
Auswahlmöglichkeit	hoch	begrenzt	keine
Wahlfreiheit	gesichert	eingeschränkt	aufgehoben
Wird Machtfrage gestellt	ja	nein	nein
Legitimierung des politischen Systems	ja	wird kaum versucht	kaum oder gar nicht
Typ des politischen Systems	Liberal-demokratisch	autoritär	totalitär

Quelle: Nohlen 2000:28

2.2 Funktionen von Wahlen für die parlamentarische Demokratie der Bundesrepublik Deutschland

Für liberal-pluralistische Demokratien wie z.B. die Bundesrepublik Deutschland haben Wahlen insbesondere folgende Funktionen:

- *Legitimation* (der Regierenden);
- *Kontrolle* (der Regierung durch das Parlament, in dem auch die Opposition vertreten ist);
- *Konkurrenz* (zwischen Regierung und Opposition);
- *Repräsentation/Integration* (Integration von Wählern und ihren gewählten Repräsentanten).

22

Legitimation von Parlament und Regierung

In der Wahl der *Abgeordneten* des Deutschen Bundestages, die ihrerseits den Bundeskanzler wählen, kommt der Wille der Wähler zum Ausdruck. Die Parlamentsabgeordneten erhalten durch die Wahl ihre Legitimation für ihr politisches Handeln. Zwar erhält der *Bundestag* in seiner *Gesamtheit* durch die Wahl die Legitimation, das deutsche Volk zu *repräsentieren*, doch ist die *Mehrheit* für einen zeitlich begrenzten Abschnitt, eine *Legislaturperiode*, zur Machtausübung berufen.

Die *Regierung* wird in der Regel von der Mehrheit des Parlaments getragen; die Regierungsmitglieder sind meistens führende Abgeordnete der Mehrheitspartei oder der die Mehrheit bildenden Koalitionsparteien. Regierung und Parlamentsmehrheit bilden eine politische Einheit, der wiederum die Opposition – idealtypisch – ebenso als geschlossene Einheit gegenübersteht. Regierungs- und Parlamentsmehrheit üben gemeinsam politische Führungsfunktionen aus:

– Der *Bundeskanzler* bestimmt die Richtlinien der Politik, allerdings immer unter besonderer Berücksichtigung seiner parlamentarischen Mehrheit, um hier nicht in einen Konflikt zu einem Koalitionspartner oder sogar zur eigenen Partei zu geraten.
– Die Initiativen für die vom Bundestag zu verabschiedenden *Gesetze* kommen in der Regel von der Regierung – vor allem der der Exekutive nachgeordneten Bürokratie – und den Mehrheitsparteien.
– Der politische Wille der Regierung gelangt in der Regel dadurch zur Ausführung, daß ihre Mehrheit im Parlament die Gesetze beschließt (während die Gesetzesinitiativen der Opposition kaum parlamentarische Mehrheiten gewinnen können).

Die parlamentarische Opposition

Solange die Mehrheit regiert, übernimmt (übernehmen) die bei der Wahl unterlegene(n) Partei(en) die Rolle der parlamentarischen Opposition. Diese ist nach den Regeln der parlamentarischen Demokratie gehalten, die von der Mehrheit getragene Regierung als legitim anzuerkennen. Das setzt wiederum voraus, daß auch die Regierung und die sie tragende(n) Partei(en) nicht nur die formalen Rechte der Minderheit achten, sondern auch auf ihre Interessen Rücksicht nehmen. Die Opposition muß eben auch eine realistische Chance haben, die Regierung abzulösen, d.h. sich in einem ständigen Kampf um die Regierungsmehrheit als reale personelle und sachliche Alternative darzustellen. Die Aufgaben der parlamentarischen Opposition sind

1. die Kontrolle der Regierung und der von dieser geleiteten Verwaltungsbehörden;
2. die Erstellung von sachlichen und personellen Alternativen und
3. die Auswahl und Ausbildung von zur Regierungsübernahme fähigen Politikern.

Kontrolle

Die Kontrolle der Regierung im klassischen Parlamentarismus wurde vom Parlament als Einheit gegenüber der Regierung ausgeübt, wie es auch heute noch in den alten Parlamenten mit der Anordnung der Regierungs- und Parlamentsbänke gut sichtbar wird. Aufgrund der Entwicklung des parlamentarischen Systems zum durch Parteien gesteuerten Staat ist die Funktion der Kontrolle in der Zeit zwischen den Wahlen vor allem auf die parlamentarische Opposition übergegangen. Faktor der Kontrolle kann sie jedoch nur werden, wenn ihre Kritik Widerhall bei den Wählern findet und die Regierungsmehrheit aus Sorge vor Wahlniederlagen die Kritik berücksichtigt. Der Wähler/die Wählerin erhält die Möglichkeit zur Machtkontrolle unmittelbar am Wahltag, d.h. periodisch zu bestimmten Zeiten und auf verschiedenen Ebenen (Bundestags-, Landtags-, Kommunal- und zum Teil Bürgermeisterwahl und Europawahl). Durch Abwahl, Bestätigung oder Neuwahl von Amts- und Mandatsträgern fällt der Wähler sein Urteil über die Politik von Regierung und Opposition, d.h., Wahlen erfüllen die Funktion der Machtkontrolle und Machtkorrektur. Periodisch wiederkehrende Wahlen ermöglichen dem Wähler, seine einmal gefällte Wahlentscheidung entweder zu bestätigen – im Falle des Einverständnisses mit der Regierungspolitik – oder sie zu korrigieren, falls er von der Opposition eine bessere Politik erwartet. Wenngleich die Einzelstimme des Wählers kaum oder nur in den seltensten Fällen diese Kontrollfunktion ausüben kann (wie z.B. 1975 bei den Landtagswahlen und 1984 bei den Kommunalwahlen in Nordrhein-Westfalen, als in einem Wahlkreis zwei Bewerber die gleiche Stimmenzahl erhielten und das Mandat ausgelost werden mußte), so wird doch die Wählerschaft als Ganzes zum entscheidenden Faktor der politischen Generalkontrolle. Ihr Votum entscheidet darüber, ob die politische Führung bei einer bestimmten Partei oder Parteienkoalition bleibt oder ob sie an die Opposition übergeht.

Konkurrenz

Im parlamentarischen Regierungssystem hat der Wähler die Auswahl zwischen verschiedenen politischen Führungsgruppen und Sachprogrammen; unterschiedliche politische Parteien bieten unterschiedliche Programme an. Theoretisch könnte man daraus folgern: Je mehr Parteien, desto mehr Programme, desto mehr Wählereinfluß. Die Notwendigkeit jedoch, eine parlamentarische *Mehrheit* zu finden, führt zu großen, alle sozialen Schichten umfassenden *Volksparteien*, die sich nicht auf die Vertretung von Interessen einzelner kleiner Gruppen beschränken können. Dadurch, daß nur wenige Parteien existieren, kommt der Wählerstimme erheblich mehr Gewicht zu, weil sie für eine (leistungs-)starke Regierung bzw. starke Opposition abgegeben wird.

Bei der Wahl einer Partei, die kaum Aussicht hat, in das Parlament zu kommen, weil für sie z.B. eine Sperrklausel ein unüberwindliches Hindernis bedeutet, ist der Wählereinfluß auf bloßen Protest gegen das bestehende Parteiensystem reduziert und kommt deshalb nicht selten gerade den von diesen Wählern am meisten bekämpften Parteien entgegen.

Fragestunde im House of Common

Repräsentation/Integration

Besonders im parlamentarischen System erfüllt die Wahl eine Repräsentations- und Integrationsfunktion. Hier zeigt sich, ob eine Identifikation zwischen Regierten und Regierenden bzw. Mandatsträgern besteht. Bereits die Höhe der Wahlbeteiligung kann aussagekräftige Ergebnisse über die Integrationsfunktion liefern. Das setzt allerdings voraus, daß der Wähler politisch informiert ist und zwischen unterschiedlichen personellen und sachlichen Angeboten unterscheiden kann. Eine Wahlbeteiligung von 85,7 Prozent, wie sie bei den Bundestagswahlen zwischen 1949 und 1998 im Durchschnitt erreicht wurde, zeigt die gelungene Integration bzw. die Anerkennung des repräsentativen Systems. Auch die relativ niedrige Wahlbeteiligung von 77,8 Prozent bei der ersten gesamtdeutschen Bundestagswahl im Jahre 1990 stellt die gelungene Integration des politischen Systems nicht in Frage. Dennoch deutet der Rückgang um 6,5 Prozentpunkte gegenüber 1987 sowohl auf eine gewisse Wahlmüdigkeit als auch auf eine nicht zu übersehende Parteien- und Politikerverdrossenheit bei einem wachsenden Teil der Wählerschaft. Nichtwähler nehmen somit auch auf das Wahlergebnis Einfluß.

3. Wahlen zum Deutschen Bundestag – Wahlrecht und Wahlsystem

Für die Wahl zum Deutschen Bundestag sieht das Bundeswahlgesetz in der Fassung der Bekanntmachung vom 23. Juli 1993, mit verschiedenen Änderungen, zuletzt durch Gesetz vom 3. Dezember 2001, eine mit der Persönlichkeitswahl verbundene Verhältniswahl vor. Das Wahlsystem wird auch als *personalisierte Verhältniswahl*, als *Verhältniswahl mit vorgeschalteter Mehrheitswahl* oder als *Verhältniswahl auf Mehrheitsbasis* bezeichnet. Das noch heute in seinen wesentlichen Bestimmungen gültige Bundeswahlgesetz wurde 1956 erlassen und hat sich zu einem Bestandteil der politischen Kultur in Deutschland entwickelt. Obwohl das Wahlsystem nicht im Grundgesetz verankert ist – die Parteien konnten sich 1949 nicht auf ein allgemein gültiges Wahlsystem einigen – besteht heute Einvernehmen darüber, daß ein Wahlgesetz nur mit großer Einmütigkeit verändert werden kann. Selbst die Große Koalition, die 1966 bis 1969 über eine Mehrheit von etwas mehr als 90 Prozent der Sitze verfügte, scheiterte mit einer vorgesehenen Wahlsystemreform.

Das Bundeswahlgesetz sieht vor, daß der Bundestag aus 656 Abgeordneten (ab 2002 aus 598 Abgeordneten) besteht, die je zur Hälfte in den *Wahlkreisen* direkt (vorbehaltlich der sich dabei ergebenden Abweichungen) und über die *Landeslisten* der Parteien in den Deutschen Bundestag gewählt werden.

Mit der Bundestagswahl 2002 wird sich die Zusammensetzung des Parlaments so tiefgreifend verändern, wie dies in der Geschichte der Bundesrepublik nur bei der ersten gesamten deutschen Wahl 1990 erfolgt ist. 58 Sitze entfallen wegen der Verkleinerung des Bundestages, ungefähr 30 Bewerberinnen und Bewerber sind vom Neuzuschnitt der Wahlkreise betroffen, rund 80 bisherige *Listenplätze* werden unsicher und fast 100 Abgeordnete wollen nicht wieder in den Bundestag zurückkehren.

Wahlkreise und Wahlkreiseinteilung – Direktbewerbung

Wurden mit der deutschen Einheit die 248 Wahlkreise der alten Bundesrepublik auf 328 Wahlkreise der neuen Bundesrepublik aufgestockt, so gibt es ab der 15. Legislaturperiode (2002-2006) nur noch 299 Wahlkreise. Es handelt sich dabei um Einerwahlkreise, weil stets nur ein Kandidat/eine Kandidatin gewählt wird. Für die Wahlkreiseinteilung sind die Gesichtspunkte der Übereinstimmung mit politischen Grenzen und einer möglichst gleichen Bevölkerungszahl der Wahlkreise maßgebend. Das Bundeswahlgesetz schreibt die Veränderung von Wahlkreisen vor, wenn sich ihre Bevölkerungszahl um mehr als ein Viertel nach oben oder unten von der durchschnittlichen Bevölkerungszahl der Wahlkreise entfernt hat.

Der Bundestag hat mit dem Gesetz zur Neueinteilung der Wahlkreise vom 1. Juli 1998 (BGB I I, S. 1698ff.) folgende Einteilung auf dien einzelnen Länder beschlossen.

Tab. 4: Wahlkreise 2002

Baden-Württemberg (Wahlkreise 259 bis 295)	37	(37)
Bayern (Wahlkreise 215 bis 258)	44	(45)
Berlin (Wahlkreise 76 bis 87)	12	(13)
Brandenburg (Wahlkreise 56 bis 65)	10	(12)
Bremen (Wahlkreise 54 und 55)	2	(3)
Hamburg (Wahlkreise 19 bis 24)	6	(7)
Hessen (Wahlkreise 169 bis 189)	21	(22)
Mecklenburg-Vorpommern (Wahlkreise 25 bis 53)	7	(9)
Niedersachsen (Wahlkreise 25 bis 53)	29	(31)
Nordrhein-Westfalen (Wahlkreise 88 bis 155)	64	(71)
Rheinland-Pfalz (Wahlkreise 200 bis 214)	15	(16)
Saarland (Wahlkreise 296 bis 299)	4	(5)
Sachsen (Wahlkreise 152 bis 168)	17	(21)
Sachsen-Anhalt (Wahlkreise 66 bis 75)	10	(13)
Schleswig-Holstein (Wahlkreise 1 bis 11)	11	(11)
Thüringen (Wahlkreise 190 bis 199)	10	(12)

Quelle: http://www.statistik-bund.de/wahlen/wahlkrneu.htm

Landeslisten – Listenbewerbung

Die anderen 299 Mandate werden über die Landeslisten der Parteien gewählt. Die Listen werden für die einzelnen Bundesländer eingereicht. Landeslisten derselben Parteien gelten als verbunden (verbundene Listen), wenn gegenüber dem Bundeswahlleiter nichts anderes erklärt wird.

Wahlberechtigung

Wahlberechtigt sind alle Deutschen im Sinne des Artikels 116 Abs. 1 des GG, die am Wahltage das 18. Lebensjahr vollendet haben, sich seit mindestens drei Monaten in Deutschland aufhalten bzw. eine Wohnung haben und nicht vom Wahlrecht ausgeschlossen sind. Wahlberechtigt sind bei Vorliegen der übrigen Wahlrechtsvoraussetzungen auch diejenigen Deutschen i. S. des Art. 116,1 GG, die am Wahltage entweder in den Gebieten der übrigen 42 Mitgliedstaaten des Europarats oder nicht länger als zehn Jahre in einem anderen Staat leben, sofern sie vor ihrem Fortzug mindestens drei Monate ununterbrochen im Wahlgebiet gewohnt oder sich „sonst gewöhnlich aufgehalten" haben. Wählbar ist, wer am Wahltage seit mindestens einem Jahr Deutscher im Sinne des Art. 116,1 GG ist und das 18. Lebensjahr vollendet hat. Diskutiert werden seit einiger Zeit Ideen, das Wahlalter herabzusetzen. Für die Bundestagswahl 2002 wird sich in dieser Hinsicht noch nichts verändern.

Stimmen

Jeder Wähler verfügt über zwei Stimmen, mit denen er einmal einen Kandidaten/eine Kandidatin seines Wahlkreises und zum anderen die Landesliste einer Partei wählen kann.

Bestimmung der Direktmandate

In den 299 Wahlkreisen sind diejenigen Kandidaten/Kandidatinnen gewählt, die die relative Mehrheit der abgegebenen gültigen Erststimmen erreicht haben. Es genügt somit für den Erwerb eines Bundestagsmandats der Vorsprung von einer einzigen Stimme gegenüber dem nächsten Konkurrenten (relative Mehrheit).

Aufteilung der Mandate

Die Sitzverteilung vollzieht sich in vier Schritten:

1. Ermittlung der Ausgangszahl
Von den 598 zu verteilenden Sitzen des Bundestages werden diejenigen Direktmandate abgezogen, die von folgenden Bewerbern gewonnen wurden:

- Bewerber ohne Parteibindung,
- Bewerber, deren Partei wegen Unterschreiten der 5-Prozent-Sperrklausel von der verhältnismäßigen Verteilung der Sitze ausgeschlossen ist,
- Bewerber, deren Partei keine Landesliste eingereicht hat.

2. Verteilung der Sitze im Wahlgebiet
Die so ermittelten Sitze werden nach dem Proportionsverfahren Niemeyer gemäß den von den Parteien errungenen Zweitstimmen auf die Listen bzw. Listenverbindungen der Parteien verteilt, wobei die Sperrklausel berücksichtigt wird.

3. Verteilung der Sitze auf Landeslisten
Die einer jeden Listenverbindungen zustehenden Sitze werden nach dem Niemeyer-Verfahren auf die einzelnen Glieder der Listenverbindungen, also die Landeslisten, entsprechend den in den einzelnen Bundesländern erreichten Zweitstimmen verteilt. Dieser Schritt entfällt für Parteien, die keine Listenverbindungen eingegangen sind oder nur regional antreten, also z.B. die bayerische CSU.

4. Vergabe der Sitze an die Listenbewerber
Von der so ermittelten Zahl der Sitze, die die Parteien in jedem Bundesland zu beanspruchen haben, werden die von ihnen dort direkt gewonnenen Mandate abgezogen. Die verbleibende Zahl an Sitzen wird auf die Listenbewerber in der Listenrangfolge vergeben, wobei bereits direkt gewählte Bewerber übergangen werden.

Beispiel für Partei X	
	Mandate
Zweitstimmenanteil 20 Prozent – von 598 Mandaten	120
Davon im Wahlkreis direkt gewonnen	81
Bleiben zur Verteilung auf Listenkandidaten	39
Die Partei X hat Landeslisten in allen Bundesländern. Die ihr zustehenden 39 Listenplätze werden nach dem *Niemeyer-Verfahren* auf die Landeslisten verteilt.	

Für die Verteilung der Sitze auf die Parteien bei der Bundestagswahl 1998 ergibt sich folgende Berechnung:

Partei	Sitze insgesamt	Zweitstimmen nach Parteien	Zweitstimmen insgesamt	Ganz-zahliger Anteil	„Reste"	Sitze nach dem größ-ten Rest	Sitze insge-samt
SPD		20.181.269			285,267963		285
CDU		14.004.908			197,963347	+1	198
CSU		3.324.480			46,992468	+1	47
B90/Grüne	656x	3.301.624	: 46.408.690	=	46,669391	+1	47
F.D.P.		3.080.955			43,550173		43
PDS		2.515.454			35,556655	+1	36
		46.408.690			652	+4	656

Überhangmandate

Das Wahlsystem zum Deutschen Bundestag ermöglicht es, daß eine Partei mehr Direktmandate gewinnt, als ihr nach dem Anteil ihres Zweitstimmenergebnisses zustehen. Dann bleiben ihr die sogenannten Überhangmandate erhalten, denn dem direkt gewählten Kandidaten kann ja sein Mandat nicht wieder abgenommen werden. So gewann z.B. bei der Bundestagswahl 1994 die CDU in Thüringen in allen 13 Wahlkreisen das Direktmandat. Da ihr aber für Thüringen entsprechend ihrem Zweitstimmenergebnis nur 10 Mandate zustanden, verblieben ihr das 11. bis 13. Mandat als Überhangmandate. Bei Bundestagswahlen erfolgt kein Mandatsausgleich wie bei verschiedenen Landtagswahlen, z.B. in Nordrhein-Westfalen. Bei der ersten gesamtdeutschen Wahl des Bundestages 1990 gab es sechs Überhangmandate, 1994 sogar 16 und 1998 13 Überhangmandate (s. Tabelle 5). Aufgrund einer Entscheidung des Bundesverfassungsgerichts vom Frühjahr 1998 müssen Überhangmandate von Parteien in Zukunft dann angerechnet werden, wenn das Mandat eines direkt gewählten Wahlkreisabgeordneten vorzeitig endet (z.B. Rücktritt, Tod usw.)

Tab. 5: Überhangmandate 1949-1998

Aufteilung auf die Bundes-länder und Parteien	Wahljahr1									
	1949	1953	1957	1961	1980	1983	1987	1990	1994	1998
Gesamtzahl	2	3	3	5	1	2	1	6	16	13
Baden-Württemberg	1CDU	–	–	–	–	–	1 CDU	–	2 CDU	
Bremen	1 SPD	–	–	–	–	1 SPD	–	–	1 SPD	
Schleswig-Holstein	–	2 CDU	3 CDU	4 CDU	1 SPD	–	–	–	–	
Hamburg	–	1 DP	–	–	–	1 SPD	–	–	1 SPD	
Saarland	–	–	–	1 CDU	–	–	–	–		
Mecklenburg-Vorpommern								2 CDU	2 CDU	2 SPD
Sachsen-Anhalt								3 CDU	2 CDU	4 SPD
Sachsen									3 CDU	
Thüringen								1 CDU	3 CDU	3 SPD
Brandenburg									3 SPD	3 SPD

1   Bei den Wahlen von 1965, 1969, 1972 und 1976 traten keine Überhangmandate auf

Quelle: Statistisches Bundesamt

Die Fünf-Prozent-Klausel

Schließlich muß als weiteres Kennzeichen des bundesdeutschen Wahlsystems die Fünf-Prozent-Sperrklausel genannt werden. Sie besagt, daß Parteien im Wahlgebiet, also der Bundesrepublik Deutschland, die weniger als 5 Prozent der Zweitstimmen erhalten oder nicht mindestens drei Direktmandate erzielen, von der Mandatszuweisung ausgeschlossen sind. Lediglich Parteien nationaler Minderheiten, z.Z. der Süd-schleswigsche Wählerverband (SSW), die Vertretung der dänischen Minderheit in Deutschland, werden von der Fünf-Prozent-Klausel ausgenommen. Ein Kandidat einer Splitterpartei, der direkt gewählt wird, behält sein Mandat, auch wenn seine Partei nicht in den Bundestag gelangt. Erhalten die Vertreter einer Partei drei Di-rektmandate, ihre Partei aber nur 3,5 Prozent der Stimmen, so werden diese 3,5 Prozent Wählerstimmen ebenfalls in Mandate umgerechnet. Erhält aber eine Partei nur 2 Direktmandate, so entfallen die 3,5 Prozent Zweitstimmen. Die zwei direkt gewählten Kandidaten ziehen selbstverständlich in den Bundestag ein. Deshalb strebte die PDS bei der Bundestagswahl 1994 drei Direktmandate an, weil es für sie sehr schwierig war, die Fünf-Prozent-Sperrklausel im gesamten Wahlgebiet zu überspringen. Die Fünf-Prozent-Klausel ist vor allem als eine Reaktion auf die Vielzahl von Parteien im Weimarer Reichstag und dessen daraus resultierende Funktionsunfähigkeit zu verstehen. Sie soll eine ähnliche Zersplitterung des Partei-ensystems in der Bundesrepublik verhindern.

Personalisierte Verhältniswahl

Da eine Partei nur so viele Parlamentssitze (Mandate) erhält, wie ihr nach ihrem Anteil an den Zweitstimmen zusteht – die in den Wahlkreisen gewonnenen Direkt-mandate werden ja davon abgezogen –, bleibt das Wahlsystem der Bundesrepublik ein Verhältniswahlsystem (Proportionalsystem). Durch die Möglichkeit, in den Wahlkreisen Kandidaten (Persönlichkeiten) direkt zu wählen, gewinnt das Verhältniswahlsystem personalisierte Züge, man spricht von *„Personalisierter Verhältniswahl"*. Die Durchbrechung dieses Systems durch *Fünf-Prozent-Klausel* und *Überhangmandate* ändert daran grundsätzlich nichts.

Wahlverlauf

Das Wahlverfahren wird in seinen technischen Einzelheiten durch die Bundeswahlordnung geregelt. Es gliedert sich in *Wahlvorbereitung*, *Wahlhandlung* und Feststellung des *Wahlergebnisses*.

Tab. 6: Wahltermine

Wichtige Termine für Parteien und Wahlberechtigte		
32 bzw. 23 Monate nach Beginn der Wahlperiode des Deutschen Bundestages	Früheste Wahl der Vertreter für die Vertreterversammlung bzw. der Bewerber	§ 21 Abs. 3 BWG
90. Tag vor der Wahl	Beteiligungsanzeige von sog. Neuen Parteien an den Bundeswahlleiter	§ 18 Abs. 2 BWG
66. Tag vor der Wahl – 18 Uhr –	Ablauf der Einreichungsfrist für Wahlvorschläge	§ 19 BWG
58. ggf. 52. Tag vor der Wahl	Entscheidung der Wahlausschüsse über Zulassung oder Zurückweisung der Wahlvorschläge	§§ 26, 28 BWG
48. Tag vor der Wahl	Letzter Tag für öffentliche Bekanntmachung der zugelassenen Landeslisten	§ 28 BWG
21. Tag vor der Wahl	Letzter Tag für Anträge auf Eintragung in das Wählerverzeichnis	§ 18 Abs. 1 BWO
20. bis 16. Tag vor der Wahl	Öffentliche Auslegung der Wählerverzeichnisse zur Einsicht für jedermann	§ 17 Abs. 1 BWG
2. Tag vor der Wahl – 18 Uhr – bzw. Wahltag – 15 Uhr –	Letzte Termine für Anträge auf Erteilung von Wahlscheinen	§ 27 Abs. 1 BWO
Wahltag – 8 bis 18 Uhr –	Allgemeine Wahlzeit	§ 47 Abs. 1 BWO
Wahltag – 18 Uhr –	Spätester Zeitpunkt für Eingang der Wahlbriefe	§ 26 Abs. 1 BWG

Eigene Zusammenstellung gemäß Bundeswahlgesetz und Bundeswahlordnung

Wählerverzeichnis

Unmittelbar nachdem der Bundespräsident den Wahltag, in der Regel auf Vorschlag des Bundeskanzlers, bestimmt hat – es muß ein Sonntag oder ein gesetzlicher Feiertag sein (es ist diesmal der 22. September 2002) –, beginnen Gemeinde-, Landes- und Bundesbehörden mit den Wahlvorbereitungen. Die Gemeindebehörden sind bei Bundestagswahlen am stärksten belastet, denn ihnen unterstehen die Meldebehörden. Deshalb sind sie für die Wählerverzeichnisse verantwortlich. Das Wählerverzeichnis wird vom 20. bis zum 16. Tag vor der Wahl zur allgemeinen Einsicht öffentlich ausgelegt. Wer es für unrichtig oder für unvollständig hält, kann in dieser Zeit bei der Gemeinde Einspruch deswegen erheben. Gegen eine Entscheidung der Gemeinde ist eine Beschwerde beim von der Landesregierung eingesetzten Kreiswahlleiter zulässig. Spätestens am Tag vor der Wahl, frühestens aber drei Tage vorher ist das Wählerverzeichnis durch die Gemeindebehörde zu schließen. Danach stellt die Gemeindebehörde endgültig die Wahlberechtigten im Wahlkreis fest.

Wahlvorschläge

Ein zweiter wichtiger Schritt der Wahlvorbereitung ist die Einreichung der Wahlvorschläge. Hierbei ist zu unterscheiden zwischen Wahlkreisvorschlägen (Direktkandidatur) und Vorschlägen für Landeswahllisten (Landesliste). Wahlkreisvorschläge sind dem Kreiswahlleiter, Landeslisten dem Landeswahlleiter spätestens am 66. Tage vor der Wahl schriftlich einzureichen. Landeslisten können nur von Parteien eingereicht werden. Kreiswahlvorschläge (Einzelbewerber), die nicht von Parteien eingereicht werden, müssen von mindestens 200 Wahlberechtigten des Wahlkreises persönlich und handschriftlich unterzeichnet sein. Nun prüfen die Kreiswahlausschüsse bzw. Landeswahlausschüsse die eingereichten Vorschläge anhand der in den Wahlgesetzen niedergelegten Kriterien. Der Kreiswahlleiter macht die zugelassenen Kreiswahlvorschläge, der Landeswahlleiter die zugelassenen Landeslisten spätestens am 58. ggf. am 52. Tag vor der Wahl öffentlich bekannt.

Welche Parteien im September 2002 zur Wahl antreten werden, kann also heute noch nicht gesagt werden. Zur Illustration der Parteienvielfalt hier die teilnehmenden Parteien von 1998:

Parteien der Bundestagswahl 1998		
SPD	=	Sozialdemokratische Partei Deutschlands
CDU	=	Christlich Demokratische Union Deutschlands
CSU	=	Christlich-Soziale Union in Bayern e.V.
GRÜNE	=	BÜNDNIS 90/DIE GRÜNEN
F.D.P.	=	Freie Demokratische Partei
PDS	=	Partei des Demokratischen Sozialismus
REP	=	DIE REPUBLIKANER
DVU	=	DEUTSCHE VOLKSUNION
ZENTRUM	=	Deutsche Zentrumspartei
HP	=	Humanistische Partei
CM	=	CHRISTLICHE MITTE - Für ein Deutschland nach GOTTES Geboten
APPD	=	Anarchistische Pogo-Partei Deutschlands
BüSo	=	Bürgerrechtsbewegung Solidarität
NPD	=	Nationaldemokratische Partei Deutschlands
GRAUE	=	DIE GRAUEN - Graue Panther
PASS	=	Partei für Arbeit und Soziale Sicherheit/Partei der Arbeitslosen und Sozial Schwachen
Deutschland	=	Ab jetzt ... Bündnis für Deutschland

ödp	=	Ökologisch-Demokratische Partei
BFB Die Offensive	=	BUND FREIER BÜRGER - OFFENSIVE FÜR DEUTSCHLAND Die Freiheitlichen
DPD	=	DEMOKRATISCHE PARTEI DEUTSCHLANDS
PSG	=	Partei für Soziale Gleichheit, Sektion der Vierten Internationale
MLPD	=	Marxistisch-Leninistische Partei Deutschlands
CHANCE 2000	=	Chance 2000
DIE FRAUEN	=	Feministische Partei
Pro DM	=	Initiative Pro D-Mark - neue liberale Partei
Die Tierschutzpartei	=	Mensch Umwelt Tierschutz
BP	=	Bayernpartei
Partei der Nichtwähler (Köln)	=	Partei der Nichtwähler (Köln)
PBC	=	Partei Bibeltreuer Christen
FAMILIE	=	FAMILIEN-PARTEI DEUTSCHLANDS
AB 2000	=	Partei der Alternativen Bürgerbewegung 2000 Deutschland
FORUM	=	NEUES FORUM
APD	=	AUTOFAHRER- und BÜRGERINTERESSEN PARTEI DEUTSCHLANDS
NATURGESETZ	=	NATURGESETZ PARTEI, AUFBRUCH ZU NEUEM BE-WUSSTSEIN
BSA	=	Bund Sozialistischer Arbeiter
STATT Partei	=	STATT Partei DIE UNABHÄNGIGEN
LIGA	=	CHRISTLICHE LIGA Die Partei für das Leben

Stimmzettel

Der jedem Wähler auszuhändigende amtliche Stimmzettel enthält alle zugelassenen Wahlvorschläge mit Angabe der Namen der Bewerber sowie der Partei. Doppelkandidatur desselben Bewerbers mittels Kreiswahlvorschlag und Landesliste ist dabei durchaus zulässig. Die Doppelkandidatur dient den Parteien zur Absicherung von Politikern, die in einem „unsicheren Wahlkreis" kandidieren, deren Mitgliedschaft im Bundestag aber von der Parteiführung als unbedingt notwendig erachtet wird.

Wahlhandlung

Nachdem die rechtlichen Vorbereitungen der Wahl durch die Behörden und die politischen Parteien abgeschlossen sind, erfolgt die Wahlhandlung.

Dabei ist neben dem Gang zur Wahlurne am Wahltag auch Briefwahl möglich. Seit 1957 können Wähler, die am Wahltag verhindert sind, mittels Briefwahl von ihrem Wahlrecht Gebrauch machen. Der Anteil der Briefwähler betrug bei den Bundestagswahlen im Durchschnitt 8,6 Prozent, wobei sich seit 1976 ein Wert von etwa 11 Prozent eingependelt hat, der 1990 allerdings auf 9,4 Prozent zurückging (vgl. Tabelle 7). Seit 1999 ist eine deutliche Zunahme der Briefwähler zu konstatieren. Die Urnenwahl erfolgt in Wahlbezirken, die nicht mehr als 2500 Einwohner umfassen sollen.

Tab. 7: Wähler und Briefwähler

Wahljahr	insgesamt	Wähler darunter Briefwähler	
		Anzahl	%
1957	31072894	1537094	4,9
1961	32849624	1891604	5,8
1965	33416207	2443935	7,3
1969	33523064	2381860	7,1
1972	37761589	2722424	7,2
1976	38165753	4099212	10,7
1980	38292176	4986716	13,0
1983	39279529	4117511	10,5
1987	38225294	4247949	11,1
1990	46995900	4436000	9,4
1994	47737999	6389047	13,4
1998	49947087	8016122	16

Quelle: Schindler 1983: 84 und Statistisches Jahrbuch 1991, S. 101, Statistisches Bundesamt (Auskunft)

Wahlergebnis

Nach Abschluß der Wahlhandlung, einheitlich auf 18 Uhr des Wahltages festgesetzt, erfolgt die öffentliche Feststellung des Wahlergebnisses. Dieser Vorgang ist die große Stunde der Wahlvorstände. Grundsätzlich kann jeder Wahlberechtigte zur ehrenamtlichen Wahlhilfe verpflichtet werden, der er sich nur aus triftigen Gründen versagen kann.

Der *Wahlvorstand* stellt fest, wieviele gültige Stimmen im Wahlbezirk auf die einzelnen Kreiswahlvorschläge und Landeslisten abgegeben wurden und welche Bewerber als Abgeordnete gewählt sind. Der *Kreiswahlleiter* fordert den gewählten Kreisabgeordneten auf, innerhalb einer Woche schriftlich die Annahme der Wahl zu erklären.

Der *Landeswahlausschuß* stellt fest, wieviele Stimmen im Land auf die einzelnen Landeslisten entfallen sind. Schließlich stellt der *Bundeswahlausschuß* fest, wieviele Sitze auf die einzelnen Landeslisten entfallen und welche Bewerber gewählt sind. Der Landeswahlleiter benachrichtigt offiziell die Gewählten und fordert sie auf, innerhalb einer Woche schriftlich die Annahme der Wahl zu erklären. Danach wird das Wahlergebnis amtlich bekanntgemacht.

Tabelle 8: Wahlen zum Bundestag 1949-1998

	1949		1953		1957		1961		1965		1969		1972		1976		1980		1983		1987		1990		1994		1998	
	%	Sitze	%	Sitze	%	Sitze	%	Sitze	%	Sitze	%	Sitze	%	Sitze	%	Sitze	%	Sitze	%	Sitze	%	Sitze	%	Sitze	%	Sitze	%	Sitze
Wahlbeteiligung	78,5	402	86,0	487	87,8	497	87,7	499	86,8	496	86,7	496	91,1	496	90,7	496	88,6	497	89,1	498	84,3	497	77,8	662	79,0	672	82,2	669
CDU/CSU	31,0	139	45,2	243	50,2	270	45,3	242	47,6	245	46,1	242	44,9	225	48,6	243	44,5	226	48,8	244	44,3	223	43,8	319	41,4	290	35,1	245
SPD	29,2	131	28,8	151	31,8	169	36,2	190	39,3	202	42,7	224	45,8	230	42,6	214	42,9	218	38,2	193	37,0	186	33,5	239	36,4	252	40,9	298
F.D.P.	11,9	52	9,5	48	7,7	41	12,8	67	9,5	49	5,8	30	8,4	41	7,9	39	10,6	53	7,0	34	9,1	46	11,0	79	6,9	47	6,2	43
(KPD)	5,7	15	2,2	–	–	–	–	–	–	–	–	–	–	–	–	–	–	–	–	–	–	–	–	–	–	–	–	–
DKP[1]	–	–	–	–	–	–	–	–	–	–	–	–	0,3	–	0,3	–	0,2	–	–	–	–	–	–	–	–	–	–	–
(DRP)	1,8	5	1,1	–	1,0	–	0,8	–	–	–	–	–	–	–	–	–	–	–	–	–	–	–	–	–	–	–	–	–
NPD[2]	–	–	–	–	–	–	–	–	2,0	–	4,3	–	0,6	–	0,3	–	0,2	–	0,2	–	0,6	–	2,1[3]	–	–	–	–	–
GB/BHE	–	–	5,9	27	4,6	–	–	–	–	–	–	–	–	–	–	–	–	–	–	–	–	–	–	–	–	–	–	–
DP[6]	4,0	17	3,3	15	3,4	17	–	–	–	–	–	–	–	–	–	–	–	–	–	–	–	–	–	–	–	–	–	–
BP	4,2	17	1,7	–	–	–	–	–	–	–	0,2	–	–	–	–	–	–	–	–	–	–	–	–	–	–	–	–	–
Zentrum	3,1	10	0,8	3	–	–	–	–	–	–	–	–	–	–	–	–	0,1	–	–	–	0,1	–	–	–	–	–	–	–
GRÜNE	–	–	–	–	–	–	–	–	–	–	–	–	–	–	–	–	1,5	–	5,6	27	8,3	42	5,0[4]	8[5]	7,3	49	6,7	47
PDS	–	–	–	–	–	–	–	–	–	–	–	–	–	–	–	–	–	–	–	–	–	–	2,4	17	4,4	30	5,1	36
Sonstige	9,1	16	1,5	–	1,3	–	4,9	–	1,6	–	0,9	–	0,3	–	0,3	–	0,2	–	0,1	–	0,6	–	4,2	–	3,6	–	4,3	–

1) bis 1953 KPD, ab 1972 DKP
2) bis 1961 DRP, ab 1965 NPD
3) 1990 Republikaner
4) Grüne im Wahlgebiet West 4,5%, Grüne 3,8% und B90/Grüne 1,2% →andernfalls sonstige 5,4%.
5) Grüne/Bündnis 90 (Wahlgebiet Ost)
6) 1957 Deutsche Partei (DP) mit Freie Volkspartei (FVP)

4. Die Parteien – Träger der Wahl

Die politische Willensbildung ist in modernen Massendemokratien ohne Parteien schwerlich denkbar. Dies gilt gerade auch im Hinblick auf Wahlen. Parteien sind in Deutschland die wichtigste organisierende Mittlerinstanz zwischen Bevölkerung und Staat. Sie treffen aus der Vielzahl der politischen Sach- und Personalinteressen eine Vorauswahl und bündeln sie zu einem Angebot an den Wähler. Die Schlüsselposition, welche die Parteien in unserem politischen System innehaben, kommt in der Bezeichnung *Parteiendemokratie* zum Ausdruck.

4.1 Rechtliche Normierungen: Grundgesetz und Parteiengesetz

Erstmals in einer deutschen Verfassung ist die wichtige Rolle der Parteien im Grundgesetz ausdrücklich anerkannt worden. Gleichzeitig ist versucht worden, diese mit Bedingungen zu verknüpfen und damit verfassungsrechtliche Sicherungen einzubauen. So heißt es in Art. 21 Abs. 1 GG:

> „Die Parteien wirken bei der politischen Willensbildung mit. Ihre Gründung ist frei. Ihre innere Ordnung muß demokratischen Grundsätzen entsprechen. Sie müssen über die Herkunft und die Verwendung ihrer Mittel sowie über ihr Vermögen öffentlich Rechenschaft geben."

Die Einbeziehung der Verwendungsseite und des Vermögens ist durch eine Verfassungsänderung 1983 verankert worden.

Mitwirkung bei der politischen Willensbildung bedeutet nicht nur, daß den Parteien eine wichtige Aufgabe zugewiesen, sondern auch, daß ihnen ein Monopolanspruch nicht zugestanden wird. Zugleich werden wegen der Bedeutung der Parteien die Eckwerte *innerparteiliche Demokratie* und *Transparenz der Finanzierung* ausdrücklich vorgegeben.

Die weitestgehende Sicherung enthält Art. 21 Abs. 2 GG:

> „Parteien, die nach ihren Zielen oder nach dem Verhalten ihrer Anhänger darauf ausgehen, die freiheitlich demokratische Grundordnung zu beeinträchtigen oder zu beseitigen, oder den Bestand der Bundesrepublik Deutschland zu gefährden, sind verfassungswidrig. Über die Frage der Verfassungswidrigkeit entscheidet das Bundesverfassungsgericht."

Die ausschließliche Zuständigkeit des Bundesverfassungsgerichts für ein *Parteienverbot* soll verhindern, daß z.B. die von Parteien getragenen Regierungen den Art. 21 Abs. 2 GG mißbrauchen, um unliebsame Konkurrenzparteien auszuschalten. Das Bundesverfassungsgericht entscheidet nur auf Antrag, der von der Bundesregierung, dem Bundestag und dem Bundesrat gestellt werden kann. Es hat in den fast 50 Jahren des Bestehens der Bundesrepublik bisher in zwei Fällen Parteien als verfassungswidrig verboten, 1952 die Sozialistische Reichspartei (SRP), eine Nachfolgeorganisation der NSDAP, und 1956 die Kommunistische Partei Deutschlands (KPD). Im Jahr 2001 haben Bundestag, Bundesrat und Bundesregierung einen Verbotsantrag gegen die NPD beim Bundesverfassungsgericht gestellt, dessen Behandlung vor dem Verfassungsgericht für den Sommer 2002 vorgesehen ist. Ein Parteienverbot hat u.a. zur Folge, daß die Abgeordneten der verbotenen Partei ihr Mandat verlieren. Im Zusammenhang mit dem Auftreten links- und rechtsextremistischer Parteien sind der politische Sinn und die Folgen eines Parteienverbots wiederholt kontrovers diskutiert worden. Gegen einen Verbotsantrag wurde zum einen geltend gemacht, daß die in Frage kommenden Parteien die Urteile des Bundesverfassungsgerichts sorgfältig studiert hätten, keinesfalls offen zum Kampf gegen die freiheitlich-demokratische Grundordnung aufriefen und die Beweisführung daher schwierig sei. Zum anderen wurde mit der Erfahrung des KPD-Verbots argumentiert, daß ein Verbot zwar das offene Auftreten einer Partei verhindere, sie aber damit nur in den Untergrund abdränge. Der Kampf gegen extremistisches politisches Gedankengut könne und müsse auf der offenen politischen Bühne geführt werden.

Art. 21 Abs. 3 GG verweist ausdrücklich darauf, daß das Nähere der parteibezogenen Bestimmungen durch Bundesgesetze geregelt wird. Das *Parteiengesetz*, der Versuch einer systematischen Regelung, ist aber erst 1967 verabschiedet worden, wofür vor allem Auseinandersetzungen zwischen den Parteien über die Offenlegung der Finanzen verantwortlich waren.

In § 2 Abs. 1 Parteiengesetz wird der Parteienbegriff wie folgt definiert:

> „Parteien sind Vereinigungen von Bürgern, die dauernd oder für längere Zeit für den Bereich des Bundes oder eines Landes auf die politische Willensbildung Einfluß nehmen und an der Vertretung des Volkes im Deutschen Bundestag oder einem Landtag mitwirken wollen, wenn sie nach dem Gesamtbild der tatsächlichen Verhältnisse, insbesondere nach Umfang und Festigkeit ihrer Organisation, nach der Zahl ihrer Mitglieder und nach ihrem Hervortreten in der Öffentlichkeit, eine ausreichende Gewähr für die Ernsthaftigkeit dieser Zielsetzung bieten. Mitglieder einer Partei können nur natürliche Personen sein.“

Trotz der offenen Formulierung ist mit der Orientierung auf die Parlamente von Bund und Ländern eine zweifache Abgrenzung verbunden,

- einmal gegenüber *Interessenverbänden*, *Bürgerinitiativen* usw., die keine Kandidatur bei politischen Wahlen anstreben,
- zum anderen gegenüber den kommunal begrenzten „*Rathausparteien*".

Mit dem Parteistatus sind bestimmte Sonderrechte und -pflichten verbunden, wie z.B. die schon erwähnte Regelung, daß eine Partei nur vom Bundesverfassungsgericht verboten werden kann.

4.2 Funktionen von Parteien

Auch die im Grundgesetz vorgegebene zentrale Aufgabe der Parteien wird in § 1 Abs. 2 Parteiengesetz ausdifferenziert:

> „Die Parteien wirken an der Bildung des politischen Willens des Volkes auf allen Gebieten des öffentlichen Lebens mit, indem sie insbesondere
> - auf die Gestaltung der öffentlichen Meinung Einfluß nehmen,
> - die politische Bildung anregen und vertiefen,
> - die aktive Teilnahme der Bürger am politischen Leben fördern,
> - zur Übernahme öffentlicher Verantwortung befähigte Bürger heranbilden,
> - sich durch Aufstellung von Bewerbern an den Wahlen in Bund, Ländern und Gemeinden beteiligen,
> - auf die politische Entwicklung in Parlament und Regierung Einfluß nehmen,
> - die von ihnen erarbeiteten politischen Ziele in den Prozeß der staatlichen Willensbildung einführen und
> - für eine ständige lebendige Verbindung zwischen dem Volk und den Staatsorganen sorgen."

Der Aufgabenkatalog macht bereits das außerordentlich breite Wirkungsfeld der Parteien deutlich. Die Realität zeigt eher noch eine Expansion der Parteienaktivitäten, die unter dem Gesichtspunkt „Übermacht der Parteien" auch kritisch diskutiert wird. Stichworte in diesem Zusammenhang sind die parteipolitische Einflußnahme auf die Massenmedien und die parteipolitische „Durchdringung" des öffentlichen Dienstes („Parteibuchwirtschaft"). Gefragt wird auch, inwieweit es den Parteien noch gelingt, für eine „lebendige Verbindung zwischen dem Volk und den Staatsorganen" zu sorgen angesichts einer gewachsenen „Parteiverdrossenheit" in der Bevölkerung, die sich u.a. in rückläufigen Mitgliederzahlen äußert.

4.3 Parteienfinanzierung

Nicht zu bestreiten ist, daß die Parteien zur Erfüllung ihrer Aufgaben auch Finanzen benötigen, aber höchst umstritten ist die notwendige Höhe und die Art der Finanzierung. Die Parteienfinanzierung der Bundesrepublik ist durch Urteile des Bundesverfassungsgerichts stark beeinflußt worden:

- Im „Parteispendenurteil" von 1958 wurde die 1954 gesetzlich eingeführte steuerliche Abzugsfähigkeit von Spenden für verfassungswidrig erklärt, weil sie dem Grundsatz der Chancengleichheit zwischen den Parteien widerspreche (Spenden der Wirtschaft waren bevorzugt den bürgerlichen Parteien zugeflossen).
- 1966 wurde die allgemeine Parteienfinanzierung aus Steuermitteln, die nach dem Urteil von 1958 verstärkt eingesetzt hatte, als verfassungswidrig verworfen. Parteien seien keine Staatsorgane und dürften daher auch nicht allgemein

aus öffentlichen Mitteln alimentiert werden. Die Verfassungsrichter öffneten aber gleichzeitig ein großes Schlupfloch, indem sie es für zulässig erklärten, den Parteien die „notwendigen Kosten eines angemessenen Wahlkampfes ersetzt werden". Was „notwendige" Wahlkampfkosten sind und wie sie von anderen Parteikosten abzugrenzen sind, ist eine Interpretationsfrage, die Ausweich- und Täuschungsmanöver begünstigt hat. Die Parteifinanzen haben insbesondere in Form von „Spendenaffären" in der Vergangenheit auch mehrfach die Gerichte beschäftigt und zu Verurteilungen geführt.

– In einem weiteren Urteil hat das Bundesverfassungsgericht 1992 auch die revidierte Parteienfinanzierung in wichtigen Teilen für verfassungswidrig erklärt. Es hat seine frühere Haltung aber zugleich auch korrigiert, insofern es staatliche Parteienfinanzierung nunmehr ausdrücklich zugelassen, aber quantitativ auf die Höhe der von den Parteien selbst erwirtschafteten Einnahmen begrenzt hat (staatliche Teilfinanzierung von maximal 50 Prozent). Darüber hinaus ist die steuerliche Begünstigung von Parteispenden eingegrenzt, insbesondere die von Spenden juristischer Personen, z.B. von Aktiengesellschaften, ausgeschlossen worden. Die Veröffentlichungspflicht für Großspenden ist auf 20 000 DM abgesenkt worden.

– In früheren Urteilen haben die Richter unter dem Gesichtspunkt der Chancengleichheit dafür gesorgt, daß die Barrieren für die Wahlkampfkostenerstattung niedriger gesetzt wurden (Berücksichtigung aller Parteien mit mindestens 0,5 Prozent der Zweitstimmen und von Einzelbewerbern, die mindestens 10 Prozent der Erststimmen erreichen).

Die Vorgaben des Bundesverfassungsgerichts haben jeweils zu Neufassungen der gesetzlichen Parteienfinanzierung geführt. Die Parteien müssen einen jährlichen Rechenschaftsbericht über ihre Finanzierung vorlegen, der von der Präsidentin des Deutschen Bundestages veröffentlicht wird. Ungeachtet weiterbestehender „Grauzonen" ist die Parteienfinanzierung in Deutschland damit transparenter als in anderen westlichen Demokratien.

Einnahmen der Parteien

Die wichtigsten Einnahmequellen und die mit ihnen verbundenen Vor- und Nachteile sind:

– *Mitgliedsbeiträge*: das klassische Instrument der „Selbstfinanzierung" der Parteien ist unter dem Gesichtspunkt größtmöglicher Unabhängigkeit der Parteien und starker Anreize zur Mitgliederwerbung besonders erwünscht. Zu berücksichtigen ist die beschränkte Zahl von Parteimitgliedern und die begrenzte Zahlungsbereitschaft vieler Mitglieder – u.a. „Irrtümer" bei der Selbsteinschätzung der Einkommen, nach denen die Beiträge gestaffelt sind – gestützt auf das Argument, neben dem zeitlichen Engagement sei ein höherer Finanzbeitrag im Vergleich zu den „parteifaulen Mitbürgern" nicht zumutbar.

– *Beiträge der Fraktionsmitglieder u.ä.*: Hier handelt es sich um nicht ganz freiwillige „Abgaben" von Politikern, die ihr Mandat meist der Partei verdanken.

Eine solche rechtlich unzulässige „Parteisteuer" kann als eine indirekte staatliche Parteienfinanzierung betrachtet werden, die zudem geeignet ist, den Drang zu höheren Abgeordnetendiäten zu verstärken. Beiträge der Fraktionsmitglieder werden seit 1983 nicht mehr getrennt ausgewiesen.

– *Spenden*: Sie stellen in der Regel eine „Fremdfinanzierung" mit Hilfe parteinaher Gruppen dar, die keineswegs anrüchig sein muß. Insbesondere mit Großspenden ist aber die Gefahr verbunden, daß politische Gegenleistungen erwartet werden. Übermäßige Abhängigkeit von Großspenden muß Befürchtungen um die politische Handlungsfreiheit von Parteien wecken.

– *Staatliche Mittel*: Sie beteiligen alle Bürger an der Parteienfinanzierung und begrenzen die Risiken einer zu starken Spendenabhängigkeit, fördern andererseits bei hohem Anteil an den Gesamtfinanzen die Unabhängigkeit vom Bürger und das Vertrauen auf die „Selbstbedienung bei Vater Staat".

Tab. 9: Gesamteinnahmen der Bundestagsparteien 1990-1999 (in Tsd. DM)

Jahr	SPD	CDU	CSU	GRÜNE	F.D.P.	PDS
1990	353.887	330.448	89.822	48.481	83.763	191.932
1991	339.608	212.803	51.739	32.478	52.227	60.660
1992	262.620	213.539	49.539	39.325	47.337	22.514
1993	280.769	225.854	56.055	37.721	49.537	27.336
1994	353.379	279.929	67.838	52.826	70.290	34.308
1995	285.197	218.318	52.869	48.436	45.937	40.814
1996	283.042	221.721	62.262	50.126	40.581	36.259
1997	280.977	218.234	56.025	51.280	41.550	36.830
1998	304.450	270.105	65.564	56.976	49.356	38.625
1999	306.040	258.772	63.772	51.374	46.119	40.735

Quelle: http://www.bundestag.de/datbk/finanz/pf_einnahmen.htm

4.4 Parteien und Kandidatenaufstellung

Eine der wichtigsten innerparteilichen Entscheidungen ist die Aufstellung der Parlamentskandidaten, die dem Wähler als personelle Visitenkarte der Partei präsentiert werden und sich um ein Mandat bewerben. Dabei gilt für das deutsche Bundestagswahlsystem, daß die Parteien mit der Kandidatenkür eine sehr weitgehende Vorentscheidung treffen, die die konkreten Bestimmungsmöglichkeiten des Wählers über die personelle Zusammensetzung des Bundestages stark einschränkt. Dies zeigen die bisherigen Erfahrungen mit Bundestagswahlen, wobei nicht nur das Wahlsystem, sondern auch das relativ stabile und parteiorientierte Wählerverhalten eine Rolle gespielt haben.

Unabhängige Kandidaten ohne Unterstützung einer Partei haben nach der Bundestagswahl 1949, als unter besonderen Umständen drei unabhängige Abgeordnete gewählt wurden, nie mehr den Sprung in den Bundestag geschafft. In den Bundestagswahlen 1961 bis 1987 sind in den Wahlkreisen nur noch Bewerber von CDU/CSU und SPD gewählt worden. Nach der Wiedervereinigung gewann als wohl eher historische Ausnahme die FDP 1990 den Wahlkreis Halle (Heimat des damaligen Außenministers Genscher) und sehr viel folgenreicher, da den Einzug in den Bundestag ermöglichend, die PDS 1990 drei und 1994 und 1998 jeweils vier Wahlkreise in Berlin. Die Mehrheit der Wahlkreise gilt als „sicher". Hier ist der Stimmenvorsprung einer Partei so groß, daß nur außergewöhnliche Veränderungen das Mandat gefährden können, die insbesondere bei dem relativ stabilen Wahlverhalten in Westdeutschland kaum zu erwarten sind.

In Verbindung mit den Absicherungsmöglichkeiten über die Landeslisten hat dies zur Folge, daß die meisten Bundestagsabgeordneten wiedergewählt werden, also nur eine Minderheit Parlamentsneulinge sind. Die personellen Veränderungen gehen zudem überwiegend auf altersbedingtes Ausscheiden, freiwillige Verzichte oder innerparteiliche Machtverschiebungen zurück. In dem Moment, in dem die Parteien ihre Kandidaten gekürt haben, ist die personelle Zusammensetzung des Bundestages weitgehend vorprogrammiert. Die Wähler entscheiden, wenn es nicht zu erdrutschartigen Veränderungen des Wählerverhaltens kommt, nur noch in geringem Umfang über die in den Bundestag gelangenden Personen.

Um so wichtiger ist der Entscheidungsprozeß in den Parteien. Das Parteiengesetz gibt lediglich vor, daß die Kandidaten in geheimer Abstimmung bestimmt werden müssen. Genauere Verfahrensregeln legt das *Bundeswahlgesetz* fest mit dem Ziel, bei der Kandidatenaufstellung demokratische Verfahrensregeln zu gewährleisten. Darüber hinaus gehende Detailbestimmungen finden sich in den *Satzungen* der Parteien. Im Hinblick auf sowohl die formalen Regelungen als auch die innerparteilichen Einflußfaktoren sind zwei Bewerbungsformen zu unterscheiden:

– Direktkandidatur im Wahlkreis,
– Listenkandidatur.

Direktkandidatur

Direktbewerber einer Partei in einem Wahlkreis werden von der Versammlung der dort ansässigen Parteimitglieder bestimmt. Grundsätzlich kann also jedes *wahlberechtigte* Parteimitglied darüber mitentscheiden. Aufgrund gesetzlicher Bestimmungen dürfen sich damit z.B. Parteimitglieder, die unter 18 Jahren oder Ausländer sind, nicht an der Abstimmung über die Bundestagskandidaten beteiligen. Parteien mit hohen Mitgliederzahlen bilden in der Regel *Vertreterversammlungen* (Wahlkreisdelegiertenkonferenzen), um die Kandidaten zu bestimmen. Das Bundeswahlgesetz läßt darüber hinaus zu, daß in dem Fall, in dem eine Großstadt über mehrere Wahlkreise verfügt, die Direktbewerber einer Partei in einer gemeinsamen Delegiertenkonferenz gewählt werden.

Die Delegierten werden auf Mitgliederversammlungen der *Ortsverbände* gewählt, die im Gebiet des Wahlkreises bestehen. Meist handelt es sich um örtliche Funktionsträger. Die Delegierten repräsentieren die Parteibasis, sind in ihrer Entscheidung aber formal frei, zumal eine geheime Abstimmung nicht kontrolliert werden kann. Freilich gilt, daß bei scharfer innerparteilicher Konkurrenz die Wahl der Delegierten häufig davon abhängt, welche Kandidaten sie unterstützen.

Sind bereits bei der *Urwahl* der Kandidaten in Mitgliederversammlungen selten mehr als 20 Prozent der Mitglieder anwesend, ist bei Wahlkreisdelegiertenkonferenzen der Anteil der unmittelbar an der Kandidatenkür beteiligten Mitglieder noch sehr viel geringer. Fragt man, wer nicht nur formal, sondern auch real Einfluß auf die Kandidatennominierung nimmt, so führt die Antwort zum dem kleinen Kreis der „Vorentscheider". Dabei kommt den Mitgliedern des Kreis- bzw. Unterbezirksvorstandes erfahrungsgemäß besondere Bedeutung zu, während der Einfluß der übergeordneten Parteigremien, insbesondere Landes- und Bundesvorstand, bei Direktmandaten relativ gering ist. Auch die Möglichkeit des aufschiebenden Vetos – Erzwingung einer nochmaligen Entscheidung – gegenüber dem Votum der Mitgliederversammlungen bzw. der Wahlkreisdelegiertenkonferenzen wird vom Landesvorstand faktisch nicht genutzt. Empfehlungen von Bundes- oder Landesgremien für einen bestimmten Bewerber sind häufig ein zweischneidiges Schwert, und Versuche „von oben", „prominente" Politiker in sicheren Wahlkreisen unterzubringen, sind oft am Widerstand der lokalen bzw. regionalen Vorentscheider gescheitert.

Bei den Qualitäten der Wahlkreisbewerber scheinen dementsprechend lokalorientierte Faktoren eine besondere Rolle zu spielen. Langjährige Parteimitgliedschaft und Bewährung in Parteifunktionen, Ortsverbundenheit und die glaubhafte Bereitschaft zu intensiver Wahlkreispflege sind Merkmale, die Bewerber begünstigen. Amtierenden Abgeordneten wird eine erneute Kandidatur kaum streitig gemacht, sofern sie die mit ihrem Mandat verbundenen Wettbewerbsvorteile – Bekanntheitsgrad, Prestige, Einflußmöglichkeiten – nutzen und in der Parteiorganisation ihres Wahlkreises aktiv bleiben. Kampfkandidaturen gegen „Platzhirsche" sind rar und führen noch seltener zum Erfolg.

Diese Aussage gilt inzwischen tendenziell auch für Bündnis 90/Die Grünen. Die Grünen, in ihrem Selbstverständnis ursprünglich als „Antipartei" gestartet, lehnten insbesondere die Entwicklung zu „Berufspolitikern" ab. Um die Entfremdung der Abgeordneten von ihrer Basis zu verhindern, führten sie ein Rotationsmodell ein, das zu Beginn sogar einen personellen Wechsel des Abgeordnetenmandats nach der Hälfte der Wahlperiode vorsah. Die Nachteile, z.B. im Hinblick auf notwendige Einarbeitung und fachliche Spezialisierung, Bekanntheitsgrad und Medienpräsenz, erwiesen sich aber als so schwerwiegend, daß das Rotationsmodell zunehmend durchlöchert und de facto aufgegeben wurde. Für die Bundestagswahl 2002 wurde erstmals bei Bündnis 90/Die Grünen mit Außenminister *Fischer* ein Spitzenkandidat bestimmt, dem als Wahlkampfteam die übrigen Bundesminister der Partei, die Fraktionsvorsitzenden und Bundesvorsitzenden von Bündnis 90/Die Grünen hinzugesellt wurden.

Verständlicherweise sind die begehrtesten Wahlkreiskandidaturen die in sicheren Wahlkreisen. Gerade bei den kleineren Parteien, z.B. der FDP, ist aber die Wahlkreiskandidatur, auch wenn sie im Wahlkreis chancenlos ist, eine wichtige Voraussetzung für einen aussichtsreichen Platz auf der Landesliste.

Listenkandidatur

Über die Landeslisten der Parteien wird von Landesdelegiertenkonferenzen entschieden, wobei die Delegierten meist über mehrere Stufen von den Parteimitgliedern entsandt werden.

Bei den kleineren Parteien entscheidet meist allein die Rangstelle auf der Landesreserveliste über das Abgeordnetenmandat, vorausgesetzt sie überwinden die Fünf-Prozent-Hürde. Aber auch für die Kandidaten der großen Parteien hängt das Abgeordnetenmandat bei unsicheren oder gar hoffnungslosen Wahlkreisen von der günstigen Plazierung auf der Landesreseveliste ab. Doppelkandidaturen sowohl in einem Wahlkreis als auch auf der Landesliste sind sehr häufig, und ein erfolgversprechender Platz auf der Reserveliste setzt in der Regel eine Kandidatur in einem Wahlkreis voraus. Diese Tendenz hat das Gewicht lokaler Auswahlkriterien im Gesamtprozeß der Kandidatenauswahl verstärkt.

Der Einfluß der überregionalen Parteigremien, insbesondere des Landesvorstandes, ist aber bei den Listenmandaten ungleich größer als bei den Direktmandaten. Der Vorschlag der Landesreserveliste wird in der Regel auf der Ebene des Landesvorstandes ausgearbeitet, aber er wird in enger Abstimmung insbesondere mit den regionalen Gliederungen sorgfältig ausbalanciert. Dabei wird versucht, verschiedene Kriterien zu berücksichtigen:

- Der Regionalproporz orientiert sich an der Wähler- und Mitgliederstärke der einzelnen Parteigliederungen, wobei bei den großen Parteien versucht wird, Vertreter der bei den Direktmandaten chancenlosen Partei„diaspora" besonders abzusichern.
- Mit dem Gruppenproporz wird versucht, die innerparteilichen Gruppierungen, z.B. Jugend-, Frauenorganisation, und nahestehende Verbände zu berücksichtigen, um damit auch die besonderen Zielgruppen der Partei anzusprechen.
- Fraktionsplanung soll sichern, daß für die Parlamentsarbeit besonders wichtige Experten der Partei in den Bundestag zurückkehren, wobei diese Erwägung im Entscheidungsprozeß das geringste Gewicht zu haben scheint.

Ausgenommen von den üblichen Verteilungsregeln werden häufig die ersten Listenplätze für die Spitzenkandidaten, die als „Visitenkarte" der Partei auch auf den Stimmzetteln eine besondere Werbeaufgabe übernehmen.

5. Wählerverhalten und Wahlforschung

Die Funktionsfähigkeit eines demokratischen politischen Systems und die politischen Einflußnahmemöglichkeiten der Wähler hängen nicht zuletzt davon ab, wie sich diese Wähler verhalten. Die *empirische Wahlforschung* beschäftigt sich mit der Frage: Wer wählt wie und warum? Sie versucht, das Wählerverhalten (einschließlich der Nichtbeteiligung) von Einzelnen und Gruppen zu beschreiben und zu erklären, insbesondere zu bestimmen, welche Faktoren in welcher Gewichtung für das Wählerverhalten maßgebend sind. Auf der Basis dieser Ergebnisse versucht sie darüber hinaus, Schlüsse für die Zukunft zu ziehen. Trotz wichtiger Teilergebnisse gibt es aber doch noch eine große Anzahl offener Fragen.

5.1 Einflüsse auf das Wählerverhalten

Individuelles Wahlverhalten formiert sich im Mit- und/oder Gegeneinander langfristig-struktureller und kurzfristig-situativ wirkender Komponenten. Zu unterscheiden sind dabei Langfristdeterminanten von Kurzzeiteinflüssen. Langfristige Einflüsse bilden:

- *Strukturelle Determinanten*: das politische System mit seinem besonderen Institutionengefüge (z.B. Stellenwert des zu wählenden Organs) sowie die Sozialstruktur, Milieus und politische Konfliktlinien.
- *Kulturelle Rahmenbedingungen*: die politische Kultur eines Landes (Staaten mit langer demokratischer Tradition dürften sich erheblich unterscheiden von Staaten mit autoritärer oder totalitärer Vergangenheit) wie auch gesellschaftliche Wertorientierungen und Parteienidentifikation;
- Auch die Konfessionsbindung bildet einen langfristigen Bestimmungsfaktor bei der Wahlentscheidung.

Situative Kurzzeiteinflüsse können sein:

- die Bedingungen des Parteienwettbewerbs (Zahl der aussichtsreichen Parteien, Spitzenpolitiker, Amtsbonus, Möglichkeiten taktischen Wahlverhaltens, Koalitionswahrscheinlichkeit etc.).

Als konjunkturelle Einflüsse kann man nennen:
- die internationale politische Großwetterlage, wirtschaftliche Entwicklungen und Erwartungen, die Einschätzung der wirtschaftlichen Entwicklung durch den Wähler, politische Streitfragen (issues), Wahlkampf usw.

Für die Wahlentscheidung sind die Langfristdeterminanten Sozialstruktur und *Parteiidentifikation* wichtiger als die politisch-institutionellen Faktoren.und die Wettbewerbssituation. Die Wähler orientieren sich traditionell an den dominanten gesellschaftlichen Konfliktlinien wie deren Vermittlungsinstanzen in den sozialstrukturellen Milieus. In der alten Bundesrepublik spielten dabei folgende Konfliktlinien eine große Rolle: die *konfessionelle Konfliktlinie* mit den Polen klerikal-katholisch versus nicht-katholisch-säkular sowie die wohlfahrtsstaatliche Ausprägung des *Konflikts zwischen Arbeit und Kapital*. In den 90er Jahren ist die *ökologisch-ökonomische* Konfliktlinie hinzugekommen.

Der „ideale" Wähler, der die sachlichen und personellen Ziele der Parteien im einzelnen kritisch vergleicht und sie an der bisherigen Praxis sowie an den eigenen Zielen mißt, ist selten zu finden. Die Mehrheit der Wähler scheint nur begrenzt politisch interessiert und informiert zu sein. Das Mediensystem mit dem zunehmenden Infotainment tut ein übriges, um den Bürger lediglich mit „Informationsdiät" zu versorgen. Auch wenn Veränderungen in der Wählergunst bei Wahlen verständlicherweise im Zentrum der öffentlichen Aufmerksamkeit stehen, ist eigentlich viel eher die hohe Konstanz im Wählerverhalten bemerkenswert und erklärungsbedürftig. Ein großer Teil der Wähler entscheidet sich nämlich immer noch regelmäßig für dieselbe Partei, insbesondere im Fall der großen Parteien CDU/CSU und SPD.

Stammwähler

Als Stammwähler werden jene Wähler bezeichnet, die eine stabile Bindung an „ihre Partei" aufgebaut haben und die daher von anderen Parteien kaum zu erreichen sind. Diese Parteibindungen werden durch Sozialisation wie auch Kirchenbindung gelegt. Im Rahmen der *politischen Sozialisation* von Heranwachsenden werden politische *Werthaltungen* und *Orientierungen* vermittelt, die sich auf die Parteibindung erstrecken. Dabei hat anfänglich das Milieu des Elternhauses die stärkste Prägekraft, später treten Einflüsse der engeren sozialen Umgebung – Nachbarschaft, Schule, Betrieb, Freundeskreis – hinzu. Ergibt sich dabei ein relativ einheitliches Sozialmilieu, wirkt dies auch politisch vereinheitlichend. So hat sich die beruflich-soziale Schichtung als prägender Faktor für Parteibindungen erwiesen. Ca. 66% der gewerkschaftlich organisierten Arbeiter wählten 1998 SPD.

Ein anderer Faktor, der milieustiftend gewirkt und stabile Parteibindungen geschaffen hat, ist die Religion. So wählten z.B. bei der Bundestagswahl 1998 70% der Wähler mit katholischer Kirchenbindung die Unionsparteien.

Grundsätzlich gilt, daß die Prägekraft von sozialstrukturellen Faktoren auf das Wählerverhalten abgenommen hat, auch wenn diese Faktoren nach wie vor wirksam sind. Zu der abnehmenden Wirkung tragen Faktoren wie rückläufige Kirchenbindung – durch die deutsche Wiedervereinigung enorm verstärkt – und der abneh-

46

mende Anteil der besonders parteigebundenen Schichten (Arbeiter, Selbständige) bei. Wenn der Anteil der Stammwähler tendenziell abnimmt, richtet sich der Blick verstärkt auf Wechsel- und Nichtwähler.

Wechselwähler

Als Wechselwähler werden jene Wähler bezeichnet, die bei zwei aufeinander folgenden gleichen Wahlen (z.B. Bundestagswahlen) für verschiedene Parteien stimmen. Der Anteil der Wechselwähler hat deutlich zugenommen und beträgt etwa ein Drittel, wenngleich er bei Bundestagswahlen vom Augsburger Politikwissenschaftler *Schultze* auf 15-20% veranschlagt wird. Die Ursachen für Wechselwählerverhalten können in Faktoren der sozialen Umwelt wie auch im wachsenden Gewicht politischer Sach- und Personalfragen gesehen werden. Unter personellem Aspekt sind vor allem die *Kanzlerkandidaten* ein Einflußfaktor. Bei den *politischen Themen* gilt, daß ihr Einfluß auf das Wählerverhalten um so größer ist, je mehr die folgenden Voraussetzungen erfüllt sind:

- das Thema muß die Aufmerksamkeit des Wählers erregen, wobei die Massenmedien eine wichtige Rolle spielen;
- der Wähler muß sich in seiner Interessenlage betroffen sehen;
- er muß das Thema mit den Parteien verknüpfen, indem er ihnen Schuld oder Verdienst zuspricht oder erwartet, daß sie Kompetenz dafür zeigen.

Nichtwähler

Die Anzahl der Nichtwähler hat in den letzten zwei Jahrzehnten sowohl auf der Ebene von Bundestags- als auch Landtagswahlen deutlich zugenommen, wenngleich bei der Bundestagswahl 1994 eine Stabilisierung und bei der Bundestagswahl 1998 sogar eine Zunahme der Wahlbeteiligung erreicht werden konnte. Wahlenthaltung hat nicht nur situative Gründe, sondern stellt z.T. auch eine bewußte Entscheidung dar. Es gibt nicht *den* Nichtwähler, sondern es gibt verschiedene Gruppen von Nichtwählern, die sich in ihren Einstellungen und Zielsetzungen unterscheiden. Die Wahlenthaltung ist in zunehmenden Maße das Ergebnis einer bewußten Entscheidung von politisch informierten Bürgerinnen und Bürgern. Der Anteil der Nichtwähler, die aus Interesselosigkeit oder Gleichgültigkeit die Wahl meiden, ist gering. Zu Beginn der 90er Jahre hat auch die wachsende Parteienverdrossenheit zum Zuwachs der Nichtwähler beigetragen. Wachsende Parteienverdrossenheit beruht aber nicht nur auf dem Fehlverhalten einiger Politiker und auf Skandalen, sondern auch auf der Wahrnehmung geringerer Leistungen durch die Politik. Die zunehmende Individualisierung läßt Parteien und Meinungsführer als politische Orientierungshilfen bei diesen Wählern immer stärker in den Hintergrund treten. Die Urteilsfähigkeit eröffnet Möglichkeiten individueller politischer Partizipation. Damit wird auch die Entscheidung, sich an Wahlen zu beteiligen, abhängiger von Personen, Leistungen und Programmangeboten der Parteien. Die Bereitschaft zum Wechsel der Partei bzw. zur Wahlenthaltung steigt.

5.2 Ausgewählte Ergebnisse der Wahlforschung

Die empirische Wahlforschung will gesicherte Daten über Wählerverhalten zur Verfügung stellen. Sie untersucht Zusammenhänge zwischen Wahlbeteiligung und bestimmten Merkmalen wie Geschlecht, Alter, Berufs-, Konfessionszugehörigkeit, Wertorientierungen, Parteienidentifikation und Bildungsstand. Die Parteien wollen möglichst genau über ihre Klientel informiert sein.

Wahlbeteiligung

Die Wahlbeteiligung wurde in der alten Bundesrepublik als staatsbürgerliche Pflicht begriffen. Sie liegt bei Bundestagswahlen mit etwas mehr als 85%, gemessen am internationalen Vergleich, recht hoch. Bei den Landtagswahlen, Kommunalwahlen wie auch den Wahlen zum Europäischen Parlament liegt die Wahlbeteiligung deutlich darunter. Seit den 80er Jahren ist jedoch ein in einzelnen Wählergruppen ein dramatischer Rückgang der Wahlbeteiligung festzustellen.

Alter/Geschlecht

Altersspezifisches Wahlverhalten zeigt sich sowohl in der Wahlbeteiligung als auch in der Parteienpräferierung. Mit zunehmendem Alter – wie auch mit steigendem Sozialstatus – erhöht sich die Wahlbeteiligung. Jüngere Altersgruppen, besonders die 21- bis 29jährigen beteiligen sich deutlich geringer an Bundestagswahlen, während die Altersgruppen über 45 Jahre signifikant höhere Beteiligungsraten aufweisen. Hinsichtlich der Parteienpräferenz zeigt sich, daß Wähler in den Altersgruppen ab 45 Jahren überdurchschnittlich CDU/CSU wählen, während für die SPD seit Beginn der 70er Jahre deutlich mehr Erst- und Jungwähler votieren. In den 80er Jahren konkurrierte die SPD in dieser Gruppe verstärkt mit den Grünen, die überdurchschnittlich von jüngeren Wählern präferiert werden. Die FDP ist bei dieser Altersgruppe ziemlich repräsentativ vertreten. Frauen wählten früher stärker CDU/CSU, doch hat sich auch hier seit den 70er Jahre eine Annäherung vollzogen. (vgl. Grafik 2)

Beruf/Soziale Schicht

In den 80er Jahren ist eine Abnahme der Parteiidentifikation und eine Lockerung der traditionell festen Bindungen der Wähler an die etablierten Parteien festzustellen, während eine stärkere Identifikation mit den Grünen stattfindet. Die Wahlentscheidung wird trotz der Abnahme der Bindungen nach wie vor sehr stark determiniert erstens durch Konfessionsstruktur und (katholische) Kirchenbindung sowie zweitens durch die sozio-ökonomische Konfliktlinie zwischen Kapital und Arbeit. Die beiden großen Parteien verfügen trotz abnehmender Parteiidentifikation noch über stabile Kernpotentiale (vgl. Tab. 10 und 11)

Die Unionsparteien verfügen nach wie vor in ländlichen Gemeinden über eindeutige Mehrheiten, während die SPD in städtischen Gebieten deutlich über den Unionsparteien liegt. Auch zeigt die regionale Verteilung, daß die Unionsparteien in den südlichen Bundesländern, vor allem Bayern und Baden-Württemberg, ihre Hochburgen haben. Der Stimmenanteil für CDU/ CSU steigt mit wachsendem Katholikenanteil und abnehmender Bevölkerungsdichte. Katholiken wählen überdurchschnittlich CDU/CSU, während Nicht-Katholiken überdurchschnittlich für die SPD – und seit 1987 erkennbar auch für die Grünen – votieren.

Die Sozialdemokraten haben nach wie vor – wie auch in den ersten Jahrzehnten des Bestehens der Bundesrepublik Deutschland – ihre Hochburgen in städtischen Arbeitergegenden. Nichtkatholische Arbeiter wählen überdurchschnittlich SPD.
Die Freien Demokraten können sich auf eine starke Wählerschaft in der Gruppe der Selbständigen stützen, während die Grünen überproportionale Erfolge bei den Beamten und Selbständigen haben.

Insgesamt gesehen haben in den ersten drei Jahrzehnten besonders die konfessionelle und die wohlfahrtsstaatliche Konfliktlinie das Wahlverhalten zu wesentlichen Teilen beeinflußt. In den 80er Jahren ist die ökologische Konfliktlinie hinzugekommen, die, wie die Wahlergebnisse der 90er Jahre zeigen, weiter an Bedeutung gewinnen dürfte.

Zwei Wählerschaften

Seit der Vereinigung können zwei unterschiedliche Wählerschaften in West und Ost festgestellt werden. Während im Westen die Wähler ein Vierparteiensystem unterstützen – die beiden großen Volksparteien CDU/CSU und SPD sowie die beiden kleinen Parteien FDP und Bündnis 90/Die Grünen – gibt es in den neuen Bundesländern ein Dreiparteiensystem aus CDU, SPD und PDS. Bündnis 90/Die Grünen und die FDP sind in diesem Wahlgebiet lediglich als Splitterparteien anzusehen. Die Wählerschaft in den neuen Bundesländern wird durch eine geringere Parteibindung sowie teilweise Protesthaltung gegen die Folgewirkungen der Wiedervereinigung gekennzeichnet. Dazu gesellt sich eine spezifische Regionalkultur, die sich durch ein deutlich geringeres Institutionenvertrauen, ein größeres Mißtrauen gegenüber westdeutschen Politikern und eigenständigen Politikpräferenzen niederschlägt, die nicht zuletzt durch 40 Jahre sozialistische Entwicklung in der DDR geprägt wurden.

Grafik 2: Wahlverhalten von Frauen und Männern bei Bundestagswahlen

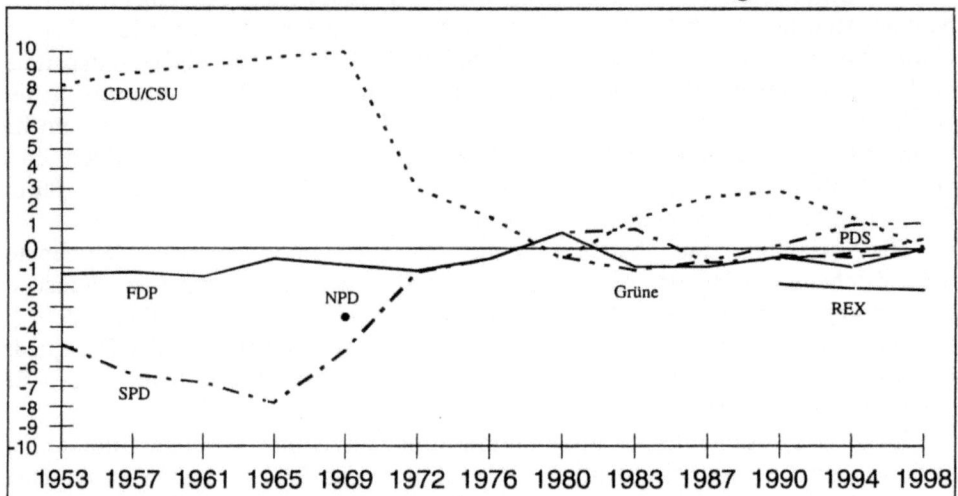

* Dargestellt ist die Prozentpunktdifferenz von Frauen minus Männer. Ein positiver Wert entspricht einem Frauenüberschuß.

Quellen: Repräsentative Wahlstatistik, zitiert nach: *Konrad-Adenauer*-Stiftung (Hrsg.), Wahlergebnisse in der Bundesrepublik Deutschland und in den Ländern 1946 – 1998 – insgesamt und nach Alter und Geschlecht, Sankt Augustin 1998; *Claus A. Fischer* (Hrsg.), Wahlhandbuch für die Bundesrepublik Deutschland. Daten zu Bundestags-, Landtags- und Europawahlen in der Bundesrepublik Deutschland, in den Ländern und in den Kreisen, 1946-1989, Paderborn 1990.
1994 und 1998 wurde die repräsentative Wahlstatistik nicht erhoben.
BTW 94: Bundestagswahl 1994. Eine Analyse der Bundestagswahl zum 13. deutschen Bundestag am 16. Oktober, Berichte der Forschungsgruppe Wahlen e.V., Mannheim, Nr. 76, 1994. In der Wahltagsbefragung der Forschungsgruppe Wahlen wurden die rechtsextremen Parteien 1994 nicht separat ausgewiesen, daher wurden die Daten der Infas Wahltagsbefragung genommen, in der die REP ausgewiesen wurden: Infas, Politogramm Report Wahlen.
Bundestagswahl 1994. Wahl zum 13. Deutschen Bundestag am 16. Oktober 1994, Analysen und Dokumente, 1994.
BTW 98: Infratest dimap, Wahlreport, Wahl zum 14. Deutschen Bundestag, 27. September 1998.
REX: 1990, 1994: REP, 1998: NPD, DVU, REP.

aus: Zeitschrift für Parlamentsfragen (ZParl), Heft 2/99

Tab. 10: Wahlentscheidung und Gewerkschaftsmitgliedschaft nach Berufsgruppen in Prozent (Wahlgebiet West)

Alle Befragten

Partei	Mitglieder						Nichtmitglieder					
	1976	1980	1983	1987	1990	1994	1976	1980	1983	1987	1990	1994
CDU/CSU	28	24	37	29	31	30	53	46	53	47	47	45
SPD	62	65	57	57	53	54	39	40	34	34	31	33
FDP	8	10	0	3	7	4	8	12	6	10	12	9
Grüne	–	–	5	10	5	8	–	2	7	9	5	1
PDS	–	–	–	–	–	1	–	–	–	–	–	1
n =	213	161	174	318	3032	2819	879	785	744	1387	11360	10394

Arbeiter

Partei	Mitglieder						Nichtmitglieder					
	1976	1980	1983	1987	1990	1994	1976	1980	1983	1987	1990	1994
CDU/CSU	28	25	32	24	29	27	44	35	48	42	43	40
SPD	68	62	68	64	58	60	50	53	47	47	40	43
FDP	2	11	–	3	5	2	5	12	3	7	7	5
Grüne	–	–	–	8	2	5	–	0	2	4	3	6
PDS	–	–	–	–	–	1	–	–	–	–	–	1
n =	94	93	101	179	1167	1214	240	180	195	345	1434	1776

Angestellte und Beamte

Partei	Mitglieder						Nichtmitglieder					
	1976	1980	1983	1987	1990	1994	1976	1980	1983	1987	1990	1994
CDU/CSU	28	23	45	34	31	28	52	46	55	48	46	42
SPD	57	68	46	50	51	52	39	38	33	31	32	35
FDP	15	9	1	1	8	5	10	13	5	10	13	9
Grüne	–	–	8	12	6	10	–	2	7	9	5	10
PDS	–	–	–	–	–	2	–	–	–	–	–	1
n =	108	61	60	125	1527	905	372	389	320	649	5001	4311

Tab. 11: Wahlentscheidung und Kirchenbindung in Prozent (Wahlgebiet West)

Partei	Katholiken stark						mäßig						keine					
	1976	1980	1983	1987	1990	1994	1976	1980	1983	1987	1990	1994	1976	1980	1983	1987	1990	1994
CDU/CSU	84	74	78	70	78	74	65	54	65	53	58	54	31	36	50	40	38	37
SPD	13	19	16	19	12	14	26	36	26	35	26	29	63	56	33	40	40	41
FDP	3	7	3	6	5	6	7	10	8	7	9	8	6	5	4	7	11	7
Grüne	–	–	3	4	2	2	–	–	1	4	3	6	–	3	13	10	7	9
PDS	–	–	–	–	–	0	–	–	–	–	–	0	–	–	–	–	–	1
n =	226	171	152	306	1780	1440	155	128	110	255	1894	1772	156	141	142	257	2589	2591

Partei	Protestanten						ohne Konfession					
	1976	1980	1983	1987	1990	1994	1976	1980	1983	1987	1990	1994
CDU/CSU	35	32	41	34	39	37	17	21	27	19	25	28
SPD	55	50	49	46	41	44	61	55	47	38	46	40
FDP	9	16	5	11	13	8	14	14	3	10	11	8
Grüne	–	1	5	9	4	8	–	8	22	31	11	15
PDS	–	–	–	–	–	1	–	–	–	–	–	3
n =	498	476	475	798	7324	6162	52	36	41	104	1534	1670

Tab. 12: Parteienanteile in Berufsgruppen und Traditionsmilieu von SPD und CDU/CSU Bundestagswahl 1998 im Vergleich zu 1994

	SPD		CDU/CSU		GRÜNE		FDP		PDS		Andere	
	1998	Diffe-renz	1998	Diffe-renz	1998	Diffe-renz	1998	Diffe-renz	1998	Diffe-renz	1998	Diffe-renz
Wähler insgesamt	40,9	+ 4,5	35,2	− 6,2	6,7	− 0,6	6,2	− 0,7	5,1	+ 0,7	5,9	+ 2,3
Arbeiter	48	+ 3	30	− 7	3	− 2	3	− 1	6	+ 1	10	+ 5
Angestellte	42	+ 6	32	− 6	8	− 1	7	− 1	6	0	5	+ 2
Beamte	36	+ 3	40	− 3	11	0	6	− 2	3	0	4	+ 1
Selbständige	22	+ 4	44	− 8	10	+ 2	15	0	4	+ 1	5	+ 1
Landwirte	15	+ 1	69	− 5	2	− 2	9	0	3	0	2	− 4
(Nur alte Länder:) Arbeiter und Gewerk-schaftsbindung												
− Mitglied	66	+ 6	19	− 8	3	− 2	2	0	2	+ 1	8	+ 3
− Kein Mitglied	46	+ 3	36	− 4	4	− 2	4	− 1	1	0	9	+ 3
Katholische Konfes-sion und Kirchgang:												
− Regelmäßig	20	+ 6	70	− 4	3	+ 1	5	− 1	0	0	2	− 2
− Gelegentlich	36	+ 7	50	− 4	4	− 2	6	− 2	0	0	4	+ 1
− Selten, nie	43	+ 2	35	− 2	8	− 1	7	0	1	0	6	+ 1

Quelle: Wahltagsbefragungen der Forschungsgruppe Wahlen, 1994: 19.936 Befragte; 1998: 20.994 Befragte, zitiert nach APuZ, 1994, B 51 − 52, S. 3 − 15 sowie APuZ, 1998, B 52, S. 3 − 18; Angaben in Prozent; Differenzbildung: eigene Berechnungen.

aus: Zeitschrift für Parlamentsfragen (ZParl), Heft 2/99, S. 242

6. Der Wahlkampf

6.1 Definition, Stellenwert und Funktionen des Wahlkampfs

Der Wahlkampf ist die politische Auseinandersetzung von Parteien und Wählervereinigungen um Zustimmung der Bürger zu Personen und Programmen; letztlich um die politische Herrschaft. Er ist die Hochzeit der konkurrierenden Werbung der Parteien um Wählerstimmen. Zwar spricht man auch *während* einer Legislaturperiode oft von Wahlkampf, jedoch erstreckt sich der eigentliche Wahlkampf auf die Zeit zwischen der Auflösung des alten und der Wahl des neuen Parlaments. Dieser Wahlkampf kann wiederum unterteilt werden in „Vorwahlkampf" und „heiße Phase", die in der Regel die letzten drei bis vier Wochen vor dem Wahltag ausmacht.

Träger des Wahlkampfes sind bei der Bundestagswahl wie auch bei den Landtags- und Europawahlen fast nur noch die Parteien. Sie allein verfügen über die finanziellen Mittel und personellen Kapazitäten, um einen Wahlkampf zu führen. Sie präsentieren im Wahlkampf dem Bürger ihre Ziele und führen ihm ihr personelles und sachliches Angebot vor Augen und Ohren. Sie versuchen, die Zustimmung und Sympathien der Bürger zu gewinnen, um am Wahltag ihre Stimme zu erhalten.

In dieser Zeit verschärft sich die politische Auseinandersetzung zwischen den Parteien, und die Bürger werden intensiver als sonst angesprochen. Der Wahlkampf ist die Zeit der Stimulanz für Politiker und Wähler, findet in ihm doch sichtbar das Ringen um unterschiedliche Ziele und Wege zur Lösung der in der Gesellschaft anstehenden Probleme statt. Jedoch ist der Wahlkampf auch die Zeit, in der an die *Emotionen* der Bürger appelliert wird, indem mit Vereinfachungen bis hin zu Schlagworten und Leerformeln, kurz, mit *Entpolitisierung*, gearbeitet wird. So kann der Wahlkampf, anstatt das politische Interesse und Engagement der Bürger zu stärken, genau das Gegenteil bewirken, indem sich die Bürger von der emotionsgeladenen Auseinandersetzung abgestoßen fühlen.

Funktionen des Wahlkampfs

Da ein sehr großer Teil der Wähler sich bereits lange Zeit vor dem Wahltag für die Stimmabgabe zugunsten einer Partei oder eines Kandidaten festgelegt hat – hier werden Anteile zwischen zwei Drittel und vier Fünftel der Wähler geschätzt –, sind die Funktionen des Wahlkampfes von besonderem Interesse. Man kann sie analytisch unterscheiden nach: *Information*, *Identifikation* und *Mobilisierung*. Je nach Adressat werden diese Funktionen eine unterschiedliche Gewichtung erfahren.

Grafik 5: Wahlplakate

Weltklasse für Deutschland

CDU

JOSCHKA FISCHER

NEUE MEHRHEITEN NUR MIT UNS!

Gerhard Schröder spricht.

SPD

Zeichen

PDS

setzen!

Rot-grün + PDS

Zweitstimme F.D.P.

Wir oder die.

Information

Generell wird im Wahlkampf verstärkt *informiert* – in Form von Wahlprogrammen, politischen Äußerungen der Kandidaten, Anzeigen der Parteien, Flugblättern, eigenen Zeitschriften, Illustrierten, Internet-Auftritten usw. Theoretisch verfügt der Wähler also gerade während des Wahlkampfes über ein großes Angebot, sich mit den Zielsetzungen und Problemlösungskompetenzen der Parteien auseinanderzusetzen.

Die Parteien und Kandidaten reduzieren jedoch die politischen Probleme oft auf schwarz-weiße Grundmuster, d.h., sie vereinfachen und betonen die Gegensätze. Öffentlichkeitswirksame Schlagwörter, einprägsame Redewendungen und Formeln („Sprechblasen") kennzeichnen häufig Politikeräußerungen. Wichtiger als die Information selbst erscheint die *Besetzung von Themen*. Parteien müssen gesellschaftliche Probleme aufnehmen und ihren Kompetenzvorsprung gegenüber dem Konkurrenten nachweisen. Auf diese Weise wird oft Informationsvernebelung anstelle von Informationen geboten.

Identifikation – Mobilisierung

Das Ziel der verstärkten *Identifizierung* richtet sich vor allem auf die Mitglieder und Anhänger der Parteien selbst. Gerade in einer Zeit verstärkter Außendarstellung der Parteien besteht für die Mitglieder und Anhänger der Parteien leichter die Möglichkeit, sich zu ihnen zu bekennen und auf diese Weise für sie zu werben. Schließlich dient der Wahlkampf der Motivierung und *Mobilisierung* von Mitgliedern sowie parteinahen Wählergruppen oder Personen.

6.2 Parteien und Wahlkampf

Bundestagswahlkämpfe werden meist von den Parteizentralen, Landtagswahlkämpfe meistens von den Parteizentralen in den Landeshauptstädten geplant und organisiert.

Erste Schritte im Hinblick auf den Wahlkampf beginnen bereits am Anfang einer Legislaturperiode, in der oft Reorganisationsmaßnahmen innerhalb der Partei in bezug auf die folgenden Wahlen vorgenommen werden. Doch die eigentliche Planung des Wahlkampfs erfolgt im letzten Drittel der Legislaturperiode. Nun entwerfen die Wahlkampfkommissionen als organisatorische Stabsstellen der Parteien eine genaue Netz- und Kalenderplanung. Alle organisatorischen und werblichen Termine, alle Aktionen und Veranstaltungen bis zum Wahltermin werden koordiniert, Personalisierungs-, Thematisierungs-, Mobilisierungs- und Zielgruppenstrategien werden miteinander verflochten.

Die Wahlkampfführung ist inzwischen professionalisierung und kommerzialisiert, d.h. *Werbeagenturen* werden zum „Verkauf" einer Partei und ihrer Politiker in den Wahlkampf einbezogen. So setzte die SPD im Wahlkampf 1998 mit der *Kampa* eine Zentrale zur Wahlkampfführung außerhalb der Partei ein, die alle Themen,

Personen, Aktionen und Zwischenfälle systematisch demoskopisch ausleuchtete. *Meinungsforschungsinstitute* werden beauftragt, regelmäßig Wählereinstellungen zu Politikern, Parteien und bestimmten Sachfragen zu erforschen. Die ermittelten Ergebnisse dienen den Parteien zur Strategieanpassung im Wahlkampf.

Wahlprogramme – Wahlplattformen

Parteien haben in der Öffentlichkeit ein bestimmtes Profil, das durch ihre politische Führung, ihr Programm, aber auch durch die Darstellung in den Medien erzeugt wird. Alle Parteien bestreiten den Wahlkampf mit einem speziellen *Wahlprogramm*, das wesentliche Zielvorstellungen des Grundsatzprogramms für die nächste Legislaturperiode berücksichtigt. Wahlprogramme dienen zur Orientierung der Wähler wie zur Identifikation der Mitgliedschaft. Wahlprogramme dienen darüber hinaus zur innerparteilichen Positionsabklärung und zur Bündelung der unterschiedlichen Interessen einer Partei. Sie sind Existenzbestätigung und Propagandainstrument zugleich. In den Wahlprogrammen vermitteln die Parteien Absichtserklärungen unterschiedlichster Art, um möglichst vielen Wählergruppen ein Angebot machen zu können, um letztlich ihre Stimmen am Wahltag zu erhalten. Sie bieten allerdings auch dem politischen Gegner Angriffsflächen für die Auseinandersetzung.

Slogans

Wie in der Markenartikelwerbung versucht man auch im Wahlkampf, das „Produkt", hier also Partei und/oder Spitzenkandidat, „auf den Punkt zu bringen": Das ist die knappest mögliche und am leichtesten verständliche „Botschaft". Es geht weder um Tatsachenfeststellungen noch um rationale Argumente, sondern um ein – wie auch immer überprüfbares – Versprechen. So etwa: „Keine Experimente" (CDU in den 50er Jahren) „Modell Deutschland" (SPD in den 70er Jahren), „Kanzler für Deutschland" (CDU 1990) und „Oskar *Lafontaine* für soziale Gerechtigkeit" (SPD 1990). 1998 ging die SPD mit *Schröder* und *Lafontaine* mit dem Slogan „Innovation und Gerechtigkeit" in den Wahlkampf, wobei *Schröder* für Innovation und *Lafontaine* für Gerechtigkeit stehen sollte.

Spitzenkandidat und „Schattenkabinett"

Eine besondere Rolle für das Profil einer Partei im Wahlkampf spielen die Spitzenkandidaten. Meistens identifizieren die Wähler mit dem Spitzenkandidaten die ganze Partei, er ist das „personifizierte Programm".

Spitzenkandidaten erfahren eine überaus positive Darstellung, bei der Glaubwürdigkeit, Kompetenz, Berechenbarkeit und Vertrauen eine große Rolle spielen. Darüber hinaus wird es immer bedeutsamer, die „menschliche Dimension" herauszustellen. Mit dieser Personalisierungsstrategie wird an Emotionen appelliert und faktisch der *Entpolitisierung* Vorschub geleistet.

Ein herausragender Spitzenkandidat kann die *Stammwählerschaft* besser mobilisieren und die Einsatzbereitschaft der Anhänger erhöhen. Auch die zunehmende *Wechselwählerschaft* wird sich von einem überzeugenden Spitzenkandidaten eher zur Wahl anregen lassen als von einem doch meist recht „trockenen" Programm. Zum Spitzen- und Kanzlerkandidaten der Unionsparteien wurde der bayrische Ministerpräsident *Stoiber* Anfang Januar 2002 bestimmt. Bei der SPD dürfte kein Zweifel an einer erneuten Kandidatur von Bundeskanzler *Schröder* bestehen.

Neben dem Spitzenkandidaten, der zugleich Kanzlerkandidat ist, wird seitens der größten Oppositionspartei oft ein „*Schattenkabinett*" präsentiert, nämlich die Politikermannschaft, die im Falle des Wahlsieges die neue Regierung (ganz oder teilweise) bilden soll. Ziel dieser Darstellung ist es, den Wählern besondere personelle Kompetenz zu demonstrieren.

Massenmedien und Internet

Für die politische Kommunikation bilden Massenmedien – vor allem Fernsehen, Presse und Hörfunk – ein unverzichtbares Transportmittel. Sie haben die Aufgabe zu informieren, zu analysieren, zu kritisieren und zu kontrollieren. Ist es bereits außerhalb der Wahlkampfzeit ein wichtiges Ziel von Politikern, Medienpräsenz zu erzielen, so kommt diesem Ziel im Wahlkampf eine ganz besondere Bedeutung zu.

Wichtigstes Medium ist das Fernsehen. Es ist fast in jedem Haushalt vorhanden und wird durchschnittlich pro Tag mehr als zwei Stunden genutzt.

Fernsehen verfügt über hohe Aktualität und relativ große Glaubwürdigkeit. Es leistet insofern der Personalisierung Vorschub, als Personen hier besser als in allen anderen Medien dargestellt werden können. Deshalb beziehen die Parteien das Medium Fernsehen mit besonderem Interesse in ihre Wahlkampfstrategie ein. Regierungsaktivitäten, Staatsbesuche, Kongresse, Kandidatenpräsentationen, Wahlkampfparties u.a.m. werden bewußt medienwirksam geplant, terminiert und aufgezogen. Sie sind für die Parteien im Wahlkampf „funktionale Bühnen" für die Vorstellung von Politikerkompetenz.

Obwohl die politische Bedeutung mancher Kleinstparteien gegen Null tendiert, sind ihnen durch die Rundfunkstaatsverträge Sendezeiten in den öffentlich-rechtlichen Sendeanstalten auf dem Bildschirm garantiert. Die Kleinstparteien dürfen bis zu vier Wahlkampffilme von bis zu zweieinhalb Minuten, oft noch zu publikumswirksamster Fernsehzeit, nämlich vor den Hauptnachrichten, zeigen. Das bedeutet, daß ARD und ZDF diesen zu Bundes- und Landtagswahlen zugelassenen Parteien mindestens zehn Minuten kostenlos Sendezeit zur Verfügung stellen müssen. Für die großen Parteien ist entsprechend ihren letzten Wahlerfolgen noch mehr Sendezeit vorgesehen.

Die Internet-Seiten der Parteien gewinnen stark an Bedeutung. Ihre Inhalte lassen sich von Augenblick zu Augenblick aktualisieren und unterliegen keinerlei äußerer Kontrolle.

Aktuelle Webseiten verschiedener Parteien

Parteienwerbung mit eigenen Wahlkampfspots

Öffentlich-rechtlicher Hörfunk und öffentlich-rechtliches Fernsehen sind gesetzlich verpflichtet, den Parteien im Wahlkampf Sendezeit zur Verfügung zu stellen, in der sie mit Hilfe eigener Spots für sich werben können. Dabei sind seit den 90er Jahren rechtsextreme Parteien mit Aussagen aufgetreten, die auch vor Rassendiskriminierung und Volksverhetzung nicht zurückschrecken. So hatten z.B. die Republikaner im Wahlkampf 1989 in Berlin einen Spot gezeigt, in dem die Melodie des Liedes „Spiel mir das Lied vom Tod" den akustischen Hintergrund bildete und dabei ausländische Kinder zu sehen waren. Dieser Spot beinhaltete eindeutig Volksverhetzung. Solange die Rechtsprechung solche Sendungen nicht verbietet, sind die Fernsehanstalten, auch gegen den Willen von Intendanten und Mitarbeitern, zur Ausstrahlung gezwungen.

Ein Verzicht der demokratischen Parteien auf diese Werbung, deren Wirkung sehr umstritten ist, wäre eine sinnvolle Lösung, um diesen gezielten Provokationen rechtsextremer Parteien gegenüber dem politischen System erfolgreich zu begegnen. Ein Verzicht könnte den Parteien eigentlich um so leichter fallen, als nur wenige Wähler sich von den Wahlspots bei ihrer Entscheidung für eine politische Partei beeinflussen lassen. Der politische Schaden, der durch derartige „Werbung" der Extremparteien angerichtet werden kann, ist vielfach höher als der politische Nutzen, der aus diesen Wahlspots resultiert.

Die Bedeutung von Presse und Hörfunk

Gegenüber dem Fernsehen bietet die *Presse* den Vorteil, daß schwierige und abstrakte Themen viel besser vermittelt werden können. Da bestimmte Zeitungen und Zeitschriften von einem ganz spezifischen Kundenstamm gelesen werden, kann mit Hilfe von Anzeigen, Beilagen und Aufrufen eine gezielte Ansprache des Wählers erfolgen.

Der *Hörfunk* nimmt nach Fernsehen und Presse die dritte Stelle für die Wahlkämpfer ein. Die meisten Bundesbürger hören tagsüber Radio, während sie abends fernsehen. So hat das Radio gegenüber dem Fernsehen den Vorteil, daß es sehr aktuell ist und ohne große Probleme überall empfangen werden kann. Die Strategen der Wahlwerbung setzen die Medien nach deren spezifischen Eigenheiten ein.

Lokaler Wahlkampf

Neben dem Wahlkampf in den Medien – vor allem im Fernsehen – hat der *lokale Wahlkampf* auch bei Bundestagswahlen nach wie vor Bedeutung, da sich hier ein Dialog zwischen Bürger und Wahlkämpfer herbeiführen läßt. Im *Straßenwahlkampf* findet der Bürger Informationsstände der Parteien in den Fußgängerzonen der Innenstädte, an Markt- und Bahnhofsplätzen usw. vor, an denen er mit den Parteienvertretern politische Themen diskutieren kann.

Weitere Formen persönlicher Wahlkampfkommunikation sind *Kundgebungen*, in denen die Parteien sowie ihre Spitzenkandidaten auf lokaler Ebene öffentliche Selbstdarstellung treiben. Schließlich vervollständigen Diskussionsveranstaltungen die Form des lokalen Wahlkampfes, wenn die Kandidaten der verschiedenen Parteien unter der Leitung eines Diskussionsleiters bestimmte Sachprobleme vor einem Publikum diskutieren.

Eine weitere Form des lokalen Wahlkampfes bilden *Hausbesuche*. Kandidaten besuchen ihre Wähler in den Wohnungen, diskutieren mit ihnen und versuchen auf diese Weise, ihre Stimme zu gewinnen.

Wahlkampfabkommen

Um einen sachlichen und fairen Wahlkampf zu gewährleisten und den Kostenaufwand zu begrenzen, haben die Parteien mitunter vor Bundestagswahlen Wahlkampfabkommen getroffen. Dies geschah erstmalig 1965, dann 1969 und zuletzt 1980. In solchen Abkommen verpflichteten sich die Parteien u.a., die Wahlkampfkosten zu begrenzen, Fairneß gegeneinander zu üben sowie eine Schiedsstelle zur Überwachung des Abkommens einzurichten.

Wahlkampf zwischen Bürgerdialog und Konsumentenwerbung

Viele Beobachter sehen die politische Werbung nicht anders aufgezogen als die kommerzielle. So wie man in der Wirtschaftswerbung sehr wenig über Vor- und Nachteile eines Produkts erfährt, hört und sieht man auch in der politischen Werbung sehr wenig über die Vor- *und* Nachteile von Lösungsansätzen der Parteien. Die Produkte dieser politischen Werbung, die Politiker und Parteien, werden im Wahlkampf so vermarktet, daß anstelle einer Sachinformation der Glanz der Führerpersönlichkeit gezeigt wird. Es wird an das Gefühl appelliert. Politische Werbung stilisiert Spitzenkandidaten entweder zu Übermenschen, denen die Bevölkerung die Lösung schwieriger Probleme anvertrauen kann, oder sie offeriert die Politiker als „Menschen wie du und ich" – im trauten Familienkreis, mit Kleinkindern auf dem Arm. Diese Personalisierungsstrategie zielt auf die Gefühle des Wählers, um eine emotionale Zustimmung zu einer politischen Führungspersönlichkeit zu erreichen und die konkrete Politik damit zumindest stark in den Hintergrund zu drängen.

Ein besonderer Aspekt im Wahlkampf ist die „Entsachlichung". Da findet zwischen den politischen Gegnern ein Schlagabtausch mit Reizwörtern und emotionsgeladenen Begriffen statt. Diese Art des Wahlkampfs führt zur Emotionalisierung und Polarisierung. So wird in Wahlkämpfen die eigene Partei nicht selten als Hüterin der politischen Grundwerte verstanden, während der politische Gegner ins Abseits gestellt und als Gefahr für diese Grundwerte hingestellt wird.

Wählerinitiativen

Wählerinitiativen sind seit dem Wahlkampf von 1969 zu beobachten. Hierbei handelt es sich in der Regel um einer Partei nahestehende Bürger, die für sie um Unterstützung werben. Den Schritt zur Mitgliedschaft wollen sie – aus welchen Gründen auch immer – nicht vollziehen. Sie sind jedoch bereit, sich im Wahlkampf öffentlich für eine Partei zu engagieren. Diese Unterstützung geschieht einmal durch die Gründung und Bekanntmachung von Initiativen, durch Unterschriftensammlungen, durch Inserate in Zeitungen und Zeitschriften sowie auch durch finanzielle Unterstützung. Oft werden in diesen Wählerinitiativen prominente Persönlichkeiten aus Sport, Kultur und Wissenschaft an die Spitze gestellt, um die Werbewirkung zu erhöhen und aus spezifischen Bevölkerungsgruppen Unterstützung zu erhalten. Damit wird versucht, Verdienste aus anderen Lebensbereichen politisch umzusetzen.

Das Bild der Parteien beim Wähler – Demoskopie und Wahlkampf

Die Ergebnisse von Meinungsumfragen sind während des Wahlkampfes von ganz besonderem Interesse, denn ihre Veröffentlichungen prägen das Meinungsklima mit, beeinflussen die Strategien von Parteien und sicherlich auch manche individuelle Wahlentscheidung. Allerdings ist es außerordentlich schwer, den Einflußgrad der Umfrageergebnisse auf Wahlkampf und Wahlentscheidung zu messen.

Umfrageergebnisse werden in der Bundesrepublik in den Medien häufig unvollständig und z.T. gezielt veröffentlicht. Generell kann jedoch gesagt werden, daß es für Parteien vor allem darauf ankommt, in den Medien als möglicher Sieger zu erscheinen und damit Trend und Meinungsklima auf ihrer Seite zu haben. So können positive Ergebnisse für Parteien verstärkend wirken und die Wahlentscheidung für sie begünstigen.

Auch für Parteien, die sich in einer kritischen Situation befinden, können die Veröffentlichungen von Umfrageergebnissen von großer Bedeutung werden. Bewegt sich eine Partei am Rande der Sperrklausel und weist sie in den letzten Umfragen einen ansteigenden Trend nach, so wird der Wähler eher bereit sein, dieser Partei seine Stimme zu geben, da bei ihrem Einzug in das Parlament die Stimme nicht „verschenkt" ist. Insbesondere werden Wähler einer solchen Partei dann die Stimme geben, wenn die Fortsetzung einer von ihnen befürworteten Koalition vom Einzug dieser Partei in das Parlament abhängt.

Wachsende Zweifel an den Parteien

Parallel zum Anstieg der Zahl der Nichtwähler läßt sich auch ein zunehmender Zweifel der Wähler an der Kompetenz der Parteien feststellen, bestimmte Probleme zu lösen. Während den Parteien in den 80er Jahren noch eine hohe Problemlösungskompetenz zugebilligt wurde, ist in den 90er Jahren ein dramatischer Einbruch erfolgt. Die Konzepte der Parteien zur Lösung so gravierender Probleme wie

Massenarbeitslosigkeit, Wirtschaftsflaute, Zuwanderung und Jugendgewalt wirken offenbar nicht überzeugend auf die Wähler.

Wahlkampffinanzierung

Wahlen kosten nicht nur die Gemeinden in Vorbereitung und Durchführung viel Geld, sondern vor allem die Parteien selbst geben im Wahlkampf große Summen für Werbung aus. Die Abhaltung von Wahlkämpfen wird als eine staatspolitische Aufgabe begriffen, daher erhalten die Parteien für den Wahlkampf staatliche Gelder, die sogenannte Wahlkampfkostenpauschale. Mit dem Urteil des Bundesverfassungsgerichts vom April 1992 wurden grundlegende Teile der staatlichen Parteienfinanzierung für verfassungswidrig erklärt und eine Neuordnung bis Ende 1993 vorgeschrieben. Ab 1994 werden für die ersten fünf Millionen Wählerstimmen bei Bundestags- und Europawahlen 0,65 € pro Stimme erstattet. Für jede weitere Stimme wird 1,– € vergütet. Der erhöhte Grundbetrag von 0,65 € soll die Chancen für kleine und neue politische Parteien schaffen, indem er deren höherem - Grundaufwand" Rechnung trägt. Allerdings wird nun auch ein vom Wahlkampf unabhängiger Zuschuß eingeführt. Zu jeder Beitritts- und Spendenmark erhält die Partei 0,2 5 € Zuschuß. Mit der Wahlkampfkostenerstattung zusammen darf diese Summe aber nicht höher sein als die im gleichen Jahr von der Partei erwirtschafteten Eigenerlöse. Auch hat das Bundesverfassungsgericht eine Obergrenze von 115 Mio.€ festgeschrieben, die ab 1999 auf 225,2 Mio € erhöht wurde. Das bedeutet, daß in Zukunft die Wahlkampfkostenerstattung von der Höhe der Wahlbeteiligung abhängig ist. Auch verbleiben die aus Wahlen erzielten Einkünfte bei den jeweiligen Organisationen, also bei Kommunalwahlen den Ortsvereinen etc. Die Wahlkampffinanzierung ist damit ehrlicher, und die Parteien sind gezwungen, im Wahlkampf genauer auf die Kosten zu achten, da die staatlichen Gelder nicht mehr so einfach wie bisher fließen.

Wahlkampf 1998 – zunehmende Amerikanisierung

Mit dem Stichwort Amerikanisierung des Wahlkampfs wird die Zuspitzung auf die Personalisierung, Mediatisierung und Professionalisierung verstanden. Zwar ist diese Entwicklung nicht prinzipiell neu, jedoch ist ihre Bedeutung in den letzten Jahren dramatisch gewachsen. Nach dem Sieg bei der Landtagswahl 1998 in Niedersachsen wurde Ministerpräsident *Schröder*, dramaturgisch effektvoll inszeniert, zum überragenden Spitzenkandidaten der SPD aufgebaut. Der Nominierungsparteitag im April 1998 in Leipzig mit der Verabschiedung des Wahlprogramms („Die Kraft des Neuen") glich einer „Krönungsmesse" und erinnerte an die US-amerikanischen Conventions. *Schröder* wurde eindeutig als Spitzenkandidat herausgestellt, während der Parteivorsitzende *Lafontaine* die Aufgabe übernahm, die Partei auf den Spitzenkandidaten zu einen.. Die CDU/CSU setzte noch einmal auf Bundeskanzler *Kohl* („Kanzler der Einheit und der europäischen Integration"), konnte jedoch damit nicht punkten, da eine allgemeine Wechselstimmung in großen Teilen der Wählerschaft vorherrschte.

Die Amerikanisierung zeigt sich darüber hinaus im Einsatz von „spin doctors". Es sind jene Mitarbeiter, die hinter den Kulissen durch gute Kontakte und ein perfektes Ereignis- und Themenmanagement die Fäden ziehen und für die richtige Präsentation in der Berichterstattung über ihren Kandidaten sorgen. Dieses Instrument findet auch in deutschen Wahlkämpfen zunehmend Anwendung. Auch die Nutzung des Internets in Wahlkämpfen kommt aus den USA. So werden die Parteien im kommenden Wahlkampf auch auf ihren Internetseiten nicht nur Informationen anbieten, sondern darüber hinaus auch Diskussionsforen einrichten, damit die Kommunikation interaktiv gestaltet werden kann.

Die Professionalisierung des Wahlkampfs wird durch die Parteien immer weiter ausgebaut. So werden die Wahlkämpfe nicht mehr nur von den Parteizentralen geplant, sondern Fachleute aus der Werbung, den Medien, der Wissenschaft, dem Journalismus sowie dem Management werden in die Gestaltung des Wahlkampfs einbezogen. So gliederte die SPD nach britischem Vorbild (Blair-Wahlkampf) ihre Wahlkampfzentrale 200 Meter entfernt von ihrer Bundesgeschäftsstelle aus. Wahlkampfmanager wurde SPD-Bundesgeschäftsführer *Müntefering*. Mit der Einrichtung einer eigenen Wahlkampfzentrale wollte man den Wahlkampf besser koordinieren und schneller auf „Events" reagieren. Die CDU führte dagegen 1998 ihren Wahlkampf von der Bonner Parteizentrale aus, da sie eine Auslagerung der Wahlkampfzentrale für einen Effizienzverlust hielt. FDP, Bündnis 90/Die Grünen und auch die PDS führten ihren Wahlkampf ebenfalls aus den jeweiligen Parteizentralen heraus.

Chronik der Ereignisse der 14. Legislaturperiode

(zusammengestellt von Gesa Wilms)

Das Jahr 1999

In der ersten Hälfte des Jahres 1999 hat die Bundesrepublik Deutschland die EU-Ratspräsidentschaft inne.

01.01. Das Gesetz gegen die Scheinselbständigkeit tritt in Kraft.

22.02. Die Krawalle nach der spektakulären Verschleppung des PKK-Chefs Abdullah Öcalan aus Kenia erschüttern Europa. In Bonn streiten Politiker um Sicherheitsmängel und den Doppel-Paß. Bundesweit wird Großalarm für Polizei und Bundesgrenzschutz ausgelöst. Das Aufflammen des kurdischen Terrors trifft die deutschen Sicherheitsexperten unvermittelt.

In Bonn wankt nach der Kurden-Randale das Konzept der doppelten Staatsbürgerschaft.

Aus Angst vor Krawallen hat Kanzler Schröder trotz eines bestehenden Haftbefehls des Bundesgerichtshofs gegen Öcalan (Rädelsführerschaft in einer terroristischen Vereinigung, fünffacher Mord) auf die Auslieferung aus Italien verzichtet. Die Behörden in Rom hatten Öcalan aufgrund des deutschen Haftbefehls festgesetzt."""08.03."Bonner Gesetz gegen Scheinselbständigkeit. Seit Anfang des Jahres gelten strengere Auflagen für sogenannte Scheinselbständige, damit soll verhindert werden, dass Betriebe reguläre Mitarbeiter durch Freiberufler ersetzen, für die keine Sozialabgaben fällig sind.

08.03. Bisher knapp dreißig Brandanschläge gegen türkische Einrichtungen.

24.03. Operation „Allied Force" läuft an. Nato-Flugzeuge bombardieren Ziele in Jugoslawien.

30.03. Jugoslawien: Die systematische Vertreibung der Kosovo-Albaner dauert an. Albanien bereitet sich auf einen Flüchtlingsansturm vor.

31.03. Jugoslawien: Der Vermittlungsversuch des russischen Premierministers Primakow ist gescheitert. Die Nato bombardiert erneut Ziele in Jugoslawien.

31.03. Innerhalb der Bündnis 90/Die Grünen wächst der Widerstand gegen die Luftangriffe in Jugoslawien.

01.04. In Bonn beraten die Außenminister von acht Balkanstaaten sowie ihre Kollegen aus Deutschland, Finnland und Österreich über die Koordinierung von Hilfsmaßnahmen für die Kosovoflüchtlinge. Bisher sind mehr als 150.000 Menschen aus dem Kosovo nach Albanien, Mazedonien und Montenegro geflohen.

02.04. 41 Hamburger Rechtsanwälte verklagen Bundeskanzler Schröder und Verteidigungsminister Scharping wegen „Vorbereitung eines Angriffskrieges"

10.04. Im Streit mit der Bundesregierung um die Besteuerung der Atom-Rückstellung lenken die Stromkonzerne ein.

12.04. SPD-Sonderparteitag – Bundeskanzler Gerhard Schröder wird als Nachfolger von Oskar Lafontaine als SPD-Vorsitzender mit knapp 76 Prozent der Stimmen gewählt. Dabei handelt es sich um das schlechteste Wahlergebnis eines SPD-Vorsitzenden seit 1946. Erstmals seit Willy Brandt liegen bei den Sozialdemokraten Parteivorsitz und Kanzleramt wieder in einer Hand.

17.04.	Die Eröffnung des renovierten Reichstages läutet den Beginn der „Berliner Republik" ein.
20.04.	Bundesumweltminister Jürgen Trittin spricht sich öffentlich gegen die Nato-Schläge gegen Jugoslawien aus.
20.04.	Deutsche Soldaten befinden sich auf dem Weg nach Albanien.
24.04	Günter Verheugen (SPD) wird neuer EU-Kommissar in Brüssel.
03.05.	Neugebildete Zukunftskommission unter Vorsitz des früheren Bundespräsidenten von Weizsäcker soll über die Zukunft der Bundeswehr beraten.
11.05.	Bundeskanzler Schröder besucht China.
13.05.	Sonderparteitag der Grünen. Ein Demonstrant trifft Bundesaußenminister Fischer mit einem Farbbeutel.
20.05.	Unterschriftenaktion gegen den Doppelpaß.
23.05.	Wahl des Bundespräsidenten: Johannes Rau (SPD) setzt sich gegen Dagmar Schipanski (parteilos; Vorschlag der CDU) und Uta Ranke-Heinemann (PDS) durch.
29.05.	Das UNO-Kriegsverbrechertribunal in Den Haag erlässt einen Haftbefehl gegen Slobodan Milosevic.
06.06.	Baugewerbe: Tarifparteien und Bundesregierung einigen sich über das „Schlechtwettergeld"
11.06.	Die Bundesregierung erklärt Zwangsmaßnahmen bei der Abschiebung wieder für möglich.
11.06.	Der Bundestag stimmt mit großer Mehrheit für den Einsatz von 8500 Bundeswehrsoldaten in der Kfor-Truppe zu.
28.06.	Der Umzug der Bundesregierung nach Berlin beginnt.
05.07.	Bundesverteidigungsminister Scharping hat die serbische Bevölkerung offen zum Sturz des jugoslawischen Präsidenten Milosevic aufgerufen. Gerhard Schröder macht deutlich, dass Milosevic vor dem Uno-Kriegsverbrechertribunal in Den Haag angeklagt werden sollte.
07.07.	Dritte Runde zum Bündnis für Arbeit – Die Teilnehmer kamen überein, mehr Lehrstellen anzubieten, Altersteilzeit auszuweiten und Überstunden, wo möglich, abzubauen.
09.07.	Günter Verheugen und Michaele Schreyer werden die Ressorts Erweiterung und Haushalt der EU bekommen.
.08.	Erdbeben in der Türkei – Soforthilfe der Bundesregierung von 5 Millionen DM.
25.08.	Das Bundeskabinett hat, ungeachtet der Proteste von Gewerkschaften und Sozialverbänden, das Sparpaket und die neuen Steuergesetze auf den parlamentarischen Weg gebracht.
07.10.	Rot-Grüne Regierungskoalition führt mit einer Gesetzesänderung des Schlechtwettergeld wieder ein.
12.10.	Die Bundesregierung will grundsätzlich an einer gesetzlichen Regelung der Ladenschlusszeiten festhalten.
22.10.	Durch das Bündnis der Grünen mit außerparlamentarischen Gruppen soll die Bundesregierung insbesondere davon abgehalten werden, der Türkei den Import von 1000 Leopard-II-Panzern zu erlauben.
22.10.	Richtfest am Kanzleramt
26.10.	Krisensitzung der Regierung in Berlin – Ein Leopard-II-Panzer wird als Testexemplar an die Türkei geliefert, die endgültige Entscheidung über den Verkauf von 1000 Panzern soll im Jahr 2001 fallen.

31.10.	Der Streit zwischen der rot-grünen Koalition und den Stromkonzernen um den Atomausstieg verschärft sich. Bundesregierung und Konzerne wollen die Konsensgespräche fortführen.
12.11.	Gegen den Protest der gesamten Opposition hat der Bundestag das Kernstück des 30-Milliarden-Sparpaketes der Bundesregierung beschlossen. Die Besteuerung von Kapitallebensversicherungen, die Erhöhung des Kindergeldes und der Anstieg der Renten in den nächsten beiden Jahren nur noch in Höhe der Inflationsrate und nicht mehr wie die Löhne.
13.11.	Bundesregierung einigt sich beim Atomausstieg auf gemeinsame Linie.
21.11.	Bundesinnenminister Otto Schily hat mit seiner Äußerung, 97 Prozent der Asylsuchenden seien Wirtschaftsflüchtlinge, eine intensive Debatte ausgelöst.
	CDU-Spendenaffäre gerät in die Schlagzeilen.
23.11.	Bauunternehmen Holzmann beantragt Insolvenzverfahren. Der Versuch des hessischen Ministerpräsidenten und der Bundesregierung scheiterten, sich mit den Gläubigerbanken auf ein Sanierungskonzept zu einigen. Staatshilfe für den überschuldeten Konzern.
29.11.	Die Staatshilfe für den überschuldeten Holzmann-Konzern sorgt für Unmut. Die mittelständische Bauwirtschaft will mit Hilfe der Europäischen-Kommission gegen die von Bundeskanzler Schröder bereitgestellten Subventionen vorgehen.
30.11.	Altbundeskanzler Helmut Kohl hat zugegeben, dass er in seiner Amtszeit als CDU-Vorsitzender Sonderkonten geführt hat. Kohl übernimmt die politische Verantwortung für die Affäre.
02.12.	Bei Bundestagssitzung wurde die Einsetzung eines Untersuchungsausschusses in der CDU-Spendenaffäre beschlossen.
13.12.	Im Streit um die Entschädigung von NS-Zwangsarbeitern liegt jetzt erstmals eine konkrete Forderung aus den Reihen der Opfervertreter vor: 11 Milliarden DM plus Verfahrenskosten. Der Streit um die Entschädigungen begann bereits im März 1998 mit einer Sammelklage gegen Ford.

Das Jahr 2000

04.02.	Die Bundesrepublik hält sich an den Beschluß der vierzehn EU-Staaten und stellt die Beziehungen zu Österreich wegen der Regierungsbeteiligung der rechtspopulistischen FPÖ ein.
13.03.	Bundeskanzler Schröders Vorschlag zur Green Card entwickelt sich zur Diskussion über die Einwanderungspolitik.
27.03.	Nach Abwendung von Warnstreiks der Bahngewerkschaften plant die Bundesregierung nun eine radikale Modernisierung der Bahn.
06.05.	Die „Zukunftskommission" um Richard von Weizsäcker empfiehlt radikale Umstrukturierung der Bundeswehr: Truppenstärke reduzieren, Umstrukturierung zu einer internationalen Interventionsarmee.
.06.	Unstimmigkeiten in der Koalition in Bezug auf die Bundeswehrreform. Koalition vor dem Scheitern? Grüne sehen Grundsätze in Gefahr.
08.06.	Mit Zustimmung der Union wird das Kosovo-Mandat der Bundeswehr verlängert.
22.06.	Parteitag der Grünen in Münster. Atomkonsens steht zur Diskussion. Im Mittelpunkt des Streits steht die geplante Restlaufzeit von 32 Jahren. Die Partei strebt 30 Jahre als Maximum an.

29.06.	New Economy auf wirtschaftlichem Höhepunkt: Dotcom-Wirtschaft stellt Forderung für politische Rahmenbedingungen zur Schaffung neuer Arbeitsplätze.
14.07.	Bundesrat genehmigt die Green Card. Somit können bis zu 20.000 Computerexperten für fünf Jahre in Deutschland arbeiten.
	Bundesrat stimmt nach Kompromissvereinbarungen dem Gesetzesentwurf von Finanzminister Hans Eichel zur Steuerreformzu.
19.07.	Die Bundesregierung nominiert Marianne Birthler als Nachfolgerin von Joachim Gauck.
29.05.	Nach neun Morden an Ausländern rufen Bundesregierung, Verfassungsschutz und Politiker erneut zum Kampf gegen Fremdenhass und Rechtsextremismus auf.
31.07.	Bundesarbeitsminister Walter Riester händigt die erste Green Card an einen indonesischen IT-Experten aus.
11.08.	Versteigerung der UMTS-Mobilfunklizenzen
06.09.	Die Arbeitslosigkeit befindet sich auf dem niedrigsten Stand seit fünf Jahren. Die Lage in Ostdeutschland ist noch immer besorgniserregend.
14.09.	Elf Bundesländer wollen gegen den Willen des Bundeskanzlers im Bundesrat über das Ladenschlussgesetz abstimmen lassen.
26.09.	Es mehren sich Proteste gegen die hohen Spritpreise; insbesondere Speditionsunternehmen fordern Abschaffung der Ökosteuer.
03.10.	Brandanschlag auf die Synagoge in Düsseldorf
12.10.	Erneute Anschläge auf Synagogen und jüdische Einrichtungen in Deutschland. Der Bundestag verurteilt die Anschläge scharf.
16.10.	Bundeskanzler Schröder und Bundesinnenminister Schily planen einen Antrag auf Verbot der NPD.
28.10.	Der Beitrag zur Rentenkasse wird zum dritten Mal seit 1999 gesenkt.
29.10.	Bundeskanzler Schröder auf Nah-Ost- Reise
02.11.	Bundesverteidigungsminister Rudolf Scharping unterzeichnet in New York ein Abkommen, nach dem Deutschland die UNO künftig auch mit Soldaten unterstützt.
16.11.	Durch eine Strafbefehl unter Druck geraten reicht Bundesverkehrsminister Reinhard Klimmt seinen Rücktritt ein.
26.11.	In Deutschland treten erste BSE-Fälle auf.
28.10.	Kurt Bodewig tritt die Nachfolge von Reinhardt Klimmt als Bundesverkehrsminister an.
08.12.	Der Bundestag verabschiedet mit den Stimmen von Koalition und Union das „Gesetz zur Bekämpfung gefährlicher Hunde".
13.12.	Die Bundesregierung beschließt das Rabattgesetz und die Zugabeverordnung zu streichen.
	BSE-Tests für Schlachtrinder in Deutschland verpflichtend.
	Die beiden Unions-regierten Länder Hessen und Bayern reichen Klage gegen die Bundesregierung vor dem Verfassungsgericht in Karlsruhe wegen Bestandteilen des Atomkonsens ein.

Das Jahr 2001

08.01. SPD-Generalsekretär Müntefering gesteht Versäumnisse der Bundesregierung in der BSE-Krise ein.

09.01. Rücktritt von Gesundheitsministerin Andrea Fischer (Bündnis 90/Grüne) und Landwirtschaftsminister Karl-Heinz Funke (SPD).

10.01. Ulla Schmidt (SPD) wird neue Gesundheitsministerin, Renate Künast (Bündnis 90/Grüne) übernimmt das Ministerium für Landwirtschaft / Verbraucherschutz / Ernährung

15.01. Bauernproteste wegen BSE-Krise

31.01   Kabinett beschließt die Tötung von 400.000 möglicherweise BSE-infizierten Rindern und deren Vernichtung.
Bundesregierung stellt Antrag auf Verbot der NPD beim Bundesverfassungsgericht.

08.02. Landwirtschaftsministerin Renate Künast kündigt in ihrer ersten Regierungserklärung eine grundlegende Agrarwende als Folge der BSE-Krise an.

16.02. Zustimmungsbedürftige Teile der Rentenreform finden im Bundesrat keine Mehrheit.

03.03. Durch BSE-Krise, dem Wegbruch von Steuereinnahmen und Bundeswehreinsatz gerät der Sparkurs der Regierung in Gefahr.

08.03. Bund und Länder einigen sich auf ein generelles Exportverbot von Klauentieren.

29.03. SPD stimmt geschlossen gegen den Antrag der CDU auf Entlassung von Bundesumweltminister Trittin. Dieser hatte in der Nationalstolzdebatte den CDU-Generalsekretär Meyer als „Skinhead" beschimpft.

30.03. Bundestag beschließt ein umfassendes Konzept zum Kampf gegen den Rechtsextremismus. Bundestag und Bundesrat reichen beim Bundesverfassungsgericht ihre Verbotsanträge gegen die NPD ein. Damit beteiligen sich alle drei antragsberechtigten Verfassungsorgane am Antrag auf das Parteienverbot.

04.04. Bundesverfassungsgericht moniert die Schlechterstellung der Familie durch die Rentenreform von Arbeitsminister Riester.

27.04. EU genehmigt Holzmann-Rettung

02.05. Bundeskabinett beschließt die Bildung eines nationalen Ethikrates zur Klärung von moralischen Fragen und Grenzen der Bio- und Gentechnik.

13.05. Konsens im Atomausstieg.

17.05. Durchbruch bei der Entschädigung von NS-Zwangsarbeitern. Rechtssicherheit für die deutsche Industrie gegeben.

29.05. Experten schlagen Alarm. Die Konjunktur entwickelte sich deutlich schlechter als erwartet.

31.05. Grundsatzdebatte über Gentechnik im Bundestag.

13.07. Bundesumweltminister Trittins Prestigeprojekt „Dosenpfand" scheitert im Bundesrat. Auch SPD-regierte Länder enthalten sich bei der Abstimmung.

10.08. Bundeskanzler Schröder rechnet nicht damit, die anvisierte Arbeitslosenzahl von 3,5 Millionen zu erreichen

11.08. Bundesregierung revidiert Wachstumserwartung der Wirtschaft von bisher 1,5 – 2,0% auf 1,0 – 1,5%

23.08. Beschluss für deutschen Einsatz in Mazedonien. Ziel der Operation „Harvest" ist das Einsammeln und Zerstören von Waffen der albanischen Rebellen. Der Einsatz soll auf dreißig Tage begrenzt sein.

27.08.	Durch Bundesfinanzminister Eichels Steuerreform sparen Unternehmen Milliarden an Gewerbesteuern, vielen Kommunen droht der finanzielle Kollaps.
01.09.	Bundesverteidigungsminister Rudolf Scharping nimmt während seines Urlaubs auf Mallorca die Flugbereitschaft der Bundeswehr in Anspruch und gerät dadurch in die Kritik.
11.09.	Terroranschläge auf das World Trade Center in New York und das Pentagon in Washington
13.09.	Die Nato beschließt den Bündnisfall.
21.09.	Die Bundesregierung versichert den USA absolute Solidarität im Kampf gegen den Terrorismus.
04.10.	Zulassungsantrag auf Verbot der NPD vor dem Bundesverfassungsgericht.
07.11.	Das Bundeskabinett beschließt, 3900 Soldaten zur Unterstützung der USA bereitzustellen und stimmt dem Anti-Terror-Paket von Bundesinnenminister Schily zu.
09.11.	Die Opposition stimmt gegen das Job-Aktiv-Gesetz. Die Bundesregierung räumt ein, dass geplante Ziel der Senkung der Arbeitslosenzahlen nicht zu erreichen.
16.11.	Bundeskanzler Schröder besteht die Vertrauensfrage mit 336 Stimmen. Damit ist der Bundeswehreinsatz in Afghanistan genehmigt. Zuvor drohte die rot-grüne Koalition an dieser Frage zu scheitern.
20.11.	Die sogenannte „Kaviar-Affäre" zwingt den außenpolitische Berater von Bundeskanzler Schröder, Michael Steiner, zum Rücktritt. Dieter Kastrup wird sein Nachfolger.
22.11.	Der Bundestag stimmt mit überwältigender Mehrheit für den Bundeswehreinsatz in Afghanistan. Der Einsatz wird auf sechs Monate begrenzt.

Das Jahr 2002

17.01.	Der Bundesregierung droht ein blauer Brief aus Brüssel. Die EU-Kommission denkt über eine Verwarnung der Bundesrepublik Deutschland wegen der hohen Haushaltsdefizite nach.
21.01.	Das Bundesverfassungsgericht untersagt den Kauf von 73 Flugzeugen der Firma Airbus für die Bundeswehr.
22.01.	Das Bundesverfassungsgericht stoppt die Verhandlungen zum NPD-Verbot, da ein Hauptzeuge zugleich V-Mann des Verfassungsschutzes hochrangiges NPD-Mitglied ist. Bundesinnenminister Otto Schily gerät in Bedrängnis.
04.02.	Erste Enthüllungen im Skandal um das Bundesministerium für Arbeit; seit über drei Jahren sollen – angeblich mit Wissen dessen Präsidenten Jagoda –Zahlen geschönt worden sein.
22.03.	Der Bundesrat stimmt nach kontroverser Sitzung dem Zuwanderungsgesetz zu, in dem Vorschriften zur Arbeitsmigration, zum Familiennachzug, zur humanitären Aufnahme, zur Ausreisepflicht, zu Sozialleistungen, zum Asylverfahren sowie zu Härtefallregeln enthalten sind.
27.03.	Der neue Vorstandsvorsitzende der Bundesanstalt für Arbeit, Florian Gerster, erhält seine Ernennungsurkunde.
28.03.	Das Bundesverfassungsgericht bestätigt die Rechtmäßigkeit der Vereinnahmung der UMTS-Versteigerungserlöse durch den Bund.

Jetzt in 4. Auflage

Handwörterbuch des politischen Systems der Bundesrepublik Deutschland

Uwe Andersen
Wichard Woyke (Hrsg.)
Handwörterbuch
des politischen Systems der
Bundesrepublik Deutschland
4., überarbeitete Auflage 2000
763 Seiten. Kart.
39,90 EUR
ISBN 3-8100-2761-8

In mehr als 150 Artikeln analysie-
ren Spezialisten der Politik- und
Sozialwissenschaften umfassend
alle wichtigen Bereiche des politi-
schen Systems der Bundesrepublik
Deutschland.

Pressestimmen:
„Das Handwörterbuch (...) ist sowohl
für Studienzwecke als auch als Nach-
schlagewerk unentbehrlich."
Sicherheit + Frieden

„... auch die dritte Auflage des Hand-
buches ist wieder eine sehr sorgfältige
und umfassende Einführung in das
deutsche politische System. (...)
Das Urteil 'Sehr empfehlenswert' gilt
auch für die Neuauflage."
Arbeit und Sozialpolitik

„...Seit vielen Jahren begleitet 'der
Creifelds' als Rechtswörterbuch die
politische Kultur der Bundesrepublik.
Das (...) Handwörterbuch hat das
Zeug, eine gleiche Erfolgsstory im
Bereich von Politik und politischer
Bildung zu werden."
Politische Bildung

„...Das Handwörterbuch bietet her-
vorragenden Zugriff auf alle wichtigen
Begriffe des politischen Systems der
Bundesrepublik. (...)"
ekz-informationsdienst

■ Leske + Budrich

Postfach 30 05 51 . 51334 Leverkusen
E-Mail: lesbudpubl@aol.com . www.leske-budrich.de

Gesellschaft · Wirtschaft · Politik
Sozialwissenschaften für politische Bildung

Gesellschaft • Wirtschaft • Politik
Sozialwissenschaften für politische Bildung

Brennpunkt · **Sinnloser Konflikt um „Wirtschaftslehre"**
Aufsätze · **Wirtschaftswissen bei Schülern – Fehlanzeige?**
· **Spielregeln in der New Economy** · **Neue Gesellschafts-**
konzepte · **Regierungsgebäude als Symbole**
Aktuelle Information · **Der EU-Konvent**
· **Das Job-Aqtiv-Gesetz**
Recht · **Das NATO-Urteil des BVerG**
Kontrovers dokumentiert · **Anti-Terror-Gesetze**
Didaktische Praxis · **Fallstudie: Jugendkriminalität**
Analyse · **Gesundheitswesen noch bezahlbar?**

1

Gegenwartskunde
Neue Folge
51 Jahrgang
1 Vierteljahr 2002
ISSN 0014-5875
F 8152

Die Zeitschrift GWP erscheint vierteljährlich.

– das Einzelheft kostet 9,– EUR*
– das Jahresabonnement 28,– EUR*
– für Studenten/Referendare 21,– EUR*

*jeweils zzgl. Versandkosten

Bitte fordern Sie zum Kennenlernen
der GWP ein kostenloses Probeheft an!

Das neue Programm
einer klassischen Zeitschrift

Diese Zeitschrift – seit über 50 Jahren mit dem Titel „Gegenwartskunde" – hat ihren Namen modifiziert:

„Gesellschaft – Wirtschaft – Politik" (GWP) definiert die Ziel-setzung der Zeitschrift durch den Untertitel „Sozialwissenschaften für politische Bildung".

Wozu diese Änderung?

Es geht zum Einen um das Ver-sprechen an Leserinnen und Leser, einen bestimmten Programmrahmen auszufüllen – gerade beim Thema „Wirtschaft" greift die Zeitschrift deutlich und entschieden in die aktuelle Diskussion um das Phantom eines neuen Unterrichtsfaches ein.

Zum Zweiten geht es um die Bedeu-tung der Zeitschrift für die politische Bildung. Mit dem neuen Titel wird stärker als zuvor signalisiert, dass die Zeitschrift nicht für Fachleute der politischen Bildung arbeitet. Sie ist selber ein Teil der politischen Bildung in Deutschland, sie repräsentiert diese, sie ist Teil ihrer Außendarstel-lung.

Wichtigste Zielsetzung ist, die Zeit-schrift wie die gesamte politische Bildung begrifflich für die Öffentlich-keit verständlich zu machen.

■ Leske + Budrich

Postfach 30 05 51 . 51334 Leverkusen
E-Mail: leske-budrich@t-online.de . www.leske-budrich.de

MIX
Papier aus verantwortungsvollen Quellen
Paper from responsible sources
FSC® C105338

If you have any concerns about our products,
you can contact us on
ProductSafety@springernature.com

In case Publisher is established outside the EU,
the EU authorized representative is:
Springer Nature Customer Service Center GmbH
Europaplatz 3, 69115 Heidelberg, Germany

Printed by Libri Plureos GmbH
in Hamburg, Germany